AUTORE

Pierluigi Romeo di Colloredo Mels è nato a Roma nel 1966.
Archeologo e storico militare, è autore di numerosi lavori sulla storia delle due guerre mondiali e dei conflitti del periodo interbellico, Etiopia e Spagna, e delle unità della MVSN argomento del quale è considerato uno dei maggiori esperti a livello internazionale. Tra i suoi ultimi lavori ricordiamo *Camicia Nera! Storia delle unità combattenti della Milizia Volontaria Sicurezza Nazionale dalle origini al 25 luglio, Südfront. Il Feldmaresciallo Albert Kesselring nella campagna d'Italia 1943- 1945; Da Sidi el Barrani a Beda Fomm 1940- 1941; Per vincere ci vogliono i leoni... I fronti dimenticati delle camicie nere, 1939- 1940; Controguerriglia! La 2a Armata italiana e l'occupazione dei Balcani 1941- 1943; Confine orientale. Italiani e slavi sull'Amarissimo dal Risorgimento all'esodo; Giugno 1940. La battaglia delle Alpi.*
È redattore di Storia Rivista e collabora con le riviste Nova Historica, Storia in Rete, Ritterkreuz, Fronti di guerra e Il Primato Nazionale.

PUBLISHING'S NOTES

None of unpublished images or text of our book may be reproduced in any format without the expressed written permission of Luca Cristini Editore (already Soldiershop.com) when not indicate as marked with license creative commons 3.0 or 4.0. Luca Cristini Editore has made every reasonable effort to locate, contact and acknowledge rights holders and to correctly apply terms and conditions to Content.
Every effort has been made to trace the copyright of all the photographs. If there are unintentional omissions, please contact the publisher in writing at: info@soldiershop.com, who will correct all subsequent editions.
Our trademark: Luca Cristini Editore©, and the names of our series & brand: Soldiershop, Witness to war, Museum book, Bookmoon, Soldiers&Weapons, Battlefield, War in colour, Historical Biographies, Darwin's view, Fabula, Altrastoria, Italia Storica Ebook, Witness To History, Soldiers, Weapons & Uniforms, Storia etc. are herein © by Luca Cristini Editore.

LICENSES COMMONS

This book may utilize part of material marked with license creative commons 3.0 or 4.0 (CC BY 4.0), (CC BY-ND 4.0), (CC BY-SA 4.0) or (CC0 1.0). We give appropriate attribution credit and indicate if change were made in the acknowledgments field. Our WTW books series utilize only fonts licensed under the SIL Open Font License or other free use license.

For a complete list of Soldiershop titles please contact Luca Cristini Editore on our website: www.soldiershop.com or www.cristinieditore.com. E-mail: info@soldiershop.com

---

Titolo: **LE CAMICIE NERE SUL FRONTE RUSSO 1941- 1943 CODE: WTW-017** Di Pierluigi Romeo di Colloredo Mels
ISBN code: 978-88-93276436 prima edizione settembre 2020 (ebook ISBN 9788893276443)
Lingua: Italiano Nr. di immagini: 119 dimensione: 177,8x254mm Cover & Art Design: Luca S. Cristini

WITNESS TO WAR (SOLDIERSHOP) is a trademark of Luca Cristini Editore, via Orio, 35/4 - 24050 Zanica (BG) ITALY.

WITNESS TO WAR

LE CAMICIE NERE SUL FRONTE RUSSO 1941- 1943

PHOTOS & IMAGES FROM WORLD WARTIME ARCHIVES

PIERLUIGI ROMEO DI COLLOREDO MELS

BOOKS TO COLLECT

INDICE

Le operazioni della 63ª Legione CC d'Assalto Tagliamento nel 1941..........................Pag. 5

La battaglia di Natale (dicembre 1941)..Pag. 19

Il Raggruppamento 3 Gennaio e la prima battaglia difensiva del Don (agosto 1942)...Pag. 43

La seconda battaglia difensiva del Don e la ritirata, dicembre 1942-gennaio 1943.....Pag. 65

La Legione Croata della M.V.S.N. (Hrvatske Legija)..Pag. 85

Bibliografia..Pag. 98

▲ Le Camicie Nere della Legione Tagliamento in partenza per il fronte russo, 1941.

LE OPERAZIONI DELLA 63ª LEGIONE CCNN D'ASSALTO TAGLIAMENTO NEL 1941

La 63ª Legione d'assalto *Tagliamento* venne formata nel febbraio del 1941 con i battaglioni CC.NN. d'assalto LXIII° di Udine (al comando del Primo Seniore Ermacora Zuliani) e LXXIX° – proveniente dalla legione Cispadana– di Reggio Emilia (Primo Seniore Patroncini) e con la 183ª compagnia mitraglieri di Piacenza (cent. A. Zanotti). Il comando venne affidato al Console Generale Niccolò Nicchiarelli

Le truppe vennero poste sotto il comando della 63ª Legione *Tagliamento*, che aveva in tempo di pace la propria sede ad Udine, e, come detto, ai friulani del battaglione Zuliani vennero aggiunti gli emiliani del LXXIX° battaglione ed i mitraglieri della 183ª compagnia; tuttavia la potenza di fuoco era ancora inferiore a quanto necessario per un impiego al fronte. Pertanto, quando successivamente la 63ª venne trasformata in Legione autocarrata, le vennero assegnati un'ulteriore compagnia mitraglieri, la 103a compagnia CC.NN. di Cuneo (comandata dal centurione M. Gentile), e di un battaglione del Regio Esercito (LXIII° battaglione A.A. *Sassari*) allo scopo di aumentarne la potenza di fuoco.

Con l'inizio dell'Operazione *Barbarossa* e la decisione di Mussolini di inviare in URSS un contingente italiano la Legione *Tagliamento* venne prescelta per rappresentare la Milizia: era costituita da 1191 ufficiali e Camicie Nere, e da 284 ufficiali e soldati del Regio Esercito appartenenti al LXIII° battaglione armi d'accompagnamento (A.A.), mobilitato dal deposito del 151° Reggimento fanteria *Sassari*, al comando del tenente colonnello V. De Franco; al Regio Esercito appartenevano anche i 133 autieri addetti agli automezzi della Legione. La *Tagliamento* doveva dunque rappresentare le Camicie Nere ed il Partito Nazionale Fascista nella crociata contro il comunismo sovietico, affiancandosi alle grandi unità dell'esercito.

Tra il 9 ed il 10 agosto la *Tagliamento*, trasportata da cinque treni, attraversò il confine del Brennero giungendo sino a Trusesti, in *Romania*, da dove, il 23 dello stesso mese, si trasferì per via ordinaria a Perwomajsk.

Qui giunta la 63ª Legione fu posta, il 27 agosto, alle dipendenze operative della Divisione Fanteria autotrasportabile *Torino* (81° e 82° fanteria); il giorno successivo, al quadrivio di Ladishinka, diciotto chilometri a sud di Uman, la Legione, insieme con altri reparti, fu passata in rassegna da Mussolini, da Hitler, accompagnati dai rispettivi Stati Maggiori, e dal generale Giovanni Messe, comandante del Corpo di Spedizione Italiano in Russia.

Così descrisse la scena Dino Alfieri:

"A causa delle condizioni veramente disastrose del terreno del terreno [la rivista] si svolse in modo che fu inevitabilmente un po' disordinato. I conducenti degli autocarri facevano sforzi per tenere le distanze, per procedere sulla stessa linea, per attenuare gli slittamenti. I reparti si presentavano bene, i soldati erano sbarbati, le armi ben tenute. Quando passavano davanti a Mussolini, e voltavano, con uno scatto, il viso verso di lui, molti non sapevano trattenere un'espressione di compiacimento e di contentezza".

Il nove settembre 1941 le Camicie Nere della *Tagliamento* sostituirono il reggimento *Lancieri di Novara* nella difesa di un tratto della sponda occidentale del Dnjepr presso Dnjeprodsershink, venendo poste alle dipendenze della 3a Divisione *Celere Amedeo Duca d'Aosta*.

Sulle sponde del Dnjepr i legionari ebbero il battesimo del fuoco, respingendo tre colpi di mano sovietici, e perdendo in questi primi combattimenti dodici caduti e diciotto feriti.

Il 21 la *Tagliamento* lasciò la sponda destra del fiume, e affiancata alla *Torino* appoggiò le azioni dei fanti e delle SS dei reggimenti 9. Germania e 10 Westland della 5. SS Panzerdivision Wiking del Gruppenführer Felix Steiner, nella testa di ponte di Dnjepropetrowsk. La divisione *Torino* e la Legione *Tagliamento* (rafforzate dal II° battaglione anticarro) da una parte, e la *Pasubio* dall'altra, muovendo ciascuno verso l'altro, rispettivamente dalla testa di ponte di Dnjepropetrowsk e dalle posizioni conquistate dai fanti del 79° *Roma* della *Pasubio* sull'Orely avrebbero dovuto chiudere in una sacca, senza possibilità di scampo, tutte le unità sovietiche presenti nell'ansa del Dnjepr.

Le Camicie Nere furono scelte oltre che per la combattività anche per la mobilità superiore a quella della normale fanteria.

I legionari riuscivano a marciare con maggiore speditezza, perché, pur essendo dotati di un numero di automezzi insufficiente a trasportare gli uomini, sui camion venivano caricati gli zaini e l'equipaggiamento, ad eccezione dell'armamento individuale, permettendo ai militi di marciare più leggeri e quindi più velocemente, ciò che provocava l'invidia della fanteria, costretta a marciare completamente affardellata: i fanti che arrivavano in Russia invariabilmente "ce l'avevano" con le CC.NN. Quest'ultime camminavano anche loro, procedendo baldanzosamente con il cavallo di san Francesco, ma andavano più spedite perché non avevano impedimenta; tutti i bagagli erano autocarrati. I poveri fanti, invece, niente: lo zaino stracolmo, il fucile, la maschera antigas, le bombe a mano, i caricatori e chi più ne ha più ne metta.

L'azione si svolse in tre tempi, nei giorni 28, 29 e 30 settembre. La divisione *Torino* e la 63ª Legione mossero in avanti alle sette e mezza del mattino, dopo un breve e violento fuoco dell'artiglieria, superando con slancio e grande cooperazione tra fanti e legionari (come riconobbe lo stesso Messe) sia i numerosi campi minati sia la tenace difesa dei fucilieri della 261ª divisione sovietica.

▲ Mussolini ispeziona i reparti della Legione CC.NN. Tagliamento prima della partenza per la Russia. Da sin. il comandante della Legione., Console Generale Niccolò Nicchiarelli e il Capo di Stato.

Alle sedici le truppe italiane avevano raggiunto gli obbiettivi fissati sulla linea Obuskowskije-Goranowskije, infliggendo al nemico numerose perdite e catturando materiali ed armi.

Il giorno seguente, il 29, si svolse la seconda parte della manovra, l'avanzata su Petrikowka: *Tagliamento* e *Torino* sarebbero avanzate sino alla linea Kurilowka- Petrikowka su due colonne, quella di destra formata dalla *Tagliamento* insieme all'81° reggimento; nello stesso tempo la divisione *Pasubio*, (cui erano per l'occasione aggregate una compagnia motociclisti italiana, il 2° Squadrone del Gruppo Carri Leggeri *San Giorgio* e il kampfgruppe tedesco Abraham) avrebbe mosso verso sud dalla testa di ponte di Zaritschanka sull'Orely sino a raggiungere la linea Galushkowka- Petrikowka..

Alle 5.30 del mattino la colonna destra del gruppo *Torino* (*Tagliamento* e 81° fanteria); le Camicie Nere in avanguardia, affiancate dai fanti del III° battaglione dell'81° *Torino*, alle diciotto raggiunsero il villaggio di Petrikowka congiungendosi con la *Pasubio* e chiudendo la sacca. In queste azioni, sino al 30 settembre, a fronte di perdite molto lievi (due caduti e quattordici feriti) la *Tagliamento* aveva catturato 646 prigionieri sovietici, migliaia di capi di bestiame e numerose armi tra pesanti ed individuali. In particolare vennero catturati numerosi fucili mitragliatori PPSh 41 (Pistolet-Pulemët Špagina 1941) chiamati dagli italiani parabellum, che aumentarono la potenza di fuoco delle Camicie Nere, pressoché prive sino ad allora di fucili mitragliatori.

Il comportamento delle Camicie Nere venne elogiato sia dal generale Ewald von Kleist, comandante della I. Panzerarmee sia dal generale Messe, comandante dello C.S.I.R..

La manovra di Petrikowka costituì uno dei maggiori successi raggiunti sino ad allora dagli italiani dal giugno 1940; nei comandi italiani diede una notevole soddisfazione l'esser riusciti da soli dove i tedeschi avevano fallito, pur con mezzi di gran lunga maggiori. Camicie Nere e fanti avevano superato in quest'occasione i risultati ottenuti dai Panzergrenadiere delle Waffen SS. L'azione italiana venne elogiata anche in una lettera indirizzata da Adolf Hitler al Duce in data 28 ottobre 1941:

"Il successivo urto del Gruppo corazzato Kleist per la formazione della testa di ponte di Dnjepropetrowsk ha dato anche alle Vostre divisioni, Duce, l'occasione di effettuare per la prima volta una propria e completamente vittoriosa operazione nel quadro di una grande battaglia di annientamento".

Si erano realizzate le premesse per puntare verso il bacino minerario ed industriale del Donetz, di grande importanza strategica. Senza consentire ai propri reparti soste e riposo, Kleist già l'8 ottobre riceveva e impartiva alle sue truppe l'ordine di proseguire l'avanzata nella duplice direttrice di Stalino e di Taganrog sul Mar d'Azov per poi proseguire su Rostov. Il Corpo di Spedizione Italiano doveva muovere alla conquista di Stalino insieme al XLIX. *Gebirgskorps*: si trattava di compiere velocemente, partendo da uno schieramento in linea di 150 km ma con divisioni scaglionate a diversa profondità, ed equipaggiate in modo disorganico, un balzo in avanti di oltre duecento chilometri, per un fronte di cento.

L'avanzata su Stalino iniziò il tredici. La *Tagliamento* il sedici era a Dimitrewka, riuscendo a superare i ponti interrotti dai guastatori sovietici e combattendo sia contro le retroguardie nemiche, che sfruttavano ogni appiglio disponibile per rallentare l'avanzata dell'Asse, sia contro la rasputitza, il fango che tramutava la steppa ucraina in un immenso pantano.

Nel tardo pomeriggio gli italiani espugnarono il nodo ferroviario e la stazione di Stalino, mentre i fanti della 97. Infanteriedivision ed i Gebirgsjäger della 1. *Gebirgsdivision* occuparono il resto della città. Se Stalino era il centro nevralgico della regione del Donetz, anche Rykowo e Gorlowka abbondavano di installazioni metallurgiche e chimiche che sfruttavano i ricchi giacimenti carboniferi e metallurgici di cui la zona abbonda; ed inoltre, nella vicina Trudowaja sboccava l'oleodotto del Caspio. Impadronirsene costituiva dunque una priorità strategica. Kleist dispose che lo C.S.I.R. occupasse la regione; stavolta però gli italiani avrebbero operato senza l'appoggio del XLIX. *Gebirgskorps* che doveva dirigersi su Rostov. Il 28 ottobre i legionari della 63ª Legione *Tagliamento* raggiunsero Slawianka; il 29 Sergejewka; il primo novembre erano a Grishino, e l'avanzata proseguì. Il 5 novembre la *Tagliamento* raggiunse Galijuzinowka e l'11 Jussowa. Lo stesso giorno la Legione lasciò le dipendenze della divisione *Pasubio* per passare a quelle della 3ª *Celere*.

▲ Il Console Generale Niccolò Nicchiarelli, comandante della Legione, poi Gruppo, Tagliamento.

▲ La Legione Tagliamento in Russia.

▼ Postazione di artiglieria russa abbandonata in un kolkhoz nell'estate 1941.

▲ Mussolini sul fronte russo con il generale Giovanni Messe, comandante del Corpo di Spedizione Italiano in Russia, 28 agosto 1941.

▲ Distintivo della Legione Tagliamento 1941.

▼ Mussolini e Hitler, con alle spalle von Rundstet e Messe passano in rivista la Legione Tagliamento, 28 agosto 1941

▲ Partenza del Gruppo *Leonessa*.

▼ Mussolini e Hitler, con alle spalle von Rundstet e Messe passano in rivista la Legione Tagliamento, 28 agosto 1941

▲ Pezzo contraereo sovietico catturato.

▲ Prigionieri sovietici catturati a Petrikowka istradati verso i campi di concentramento.

▼ L'avanzata continua. Camicie Nere osservano una colonna di carri CV35 del Gruppo San Giorgio.

▲ Un carro CV33 del Gruppo *San Giorgio*

▲ Un ponte distrutto dai sovietici in ritirata sul Dnieper

▲ Camicie nere della legione Tagliamento con civili russi esaminano armi catturate ai sovietici nell'estate 1941.

▼ Prigionieri sovietici salutano con un perfetto saluto fascista un ufficiale italiano.

▲ Camicie Nere in un villaggio di prima linea sul Dniepr.

▼ Il rancio delle CCNN in prima linea.

▲ Una camicia nera di vedetta su un'isba.

▲ Carro sovietico T26 distrutto dagli italiani, estate 1941.

▼ Elmetti e munizioni abbandonati nel fango in Russia nell'estate 1941.

LA BATTAGLIA DI NATALE (DICEMBRE 1941)

Dopo la cattura di Gorlowka l'unica città di una qualche importanza ancora in mano sovietica era Nikitowka.

Il colonnello Chiaramonti, comandante dell'80° reggimento fanteria *Roma* della *Pasubio*, accertata la presenza in zona di tre divisioni sovietiche, prese l'iniziativa di occupare Nikitowka allo scopo di ridurre la falla tra lo C.S.I.R. e la 17ª Armata tedesca (von Stülpnagel), che era circa cinquanta chilometri a nord.

Malgrado la crescente opposizione sovietica, e malgrado avesse perso contatto con le truppe italiane, Chiaramonti continuò ad avanzare su Nikitowka, che occupò, ma a sua volta trovandosi isolato ed assediato dalla 74ª divisione fucilieri[1], formata dal 189° e 360° reggimento fanteria e dal 307° artiglieria.

Presto si sviluppò un violento scontro nella parte centrale della città. I fanti dell'80° riuscirono a respingere tutti gli assalti sovietici, ma le munizioni andavano esaurendosi al punto che sarebbe stato impossibile tentare di rientrare nelle linee italiane.

Decise allora di mantenere le posizioni in attesa di soccorsi, impedendo così l'infiltrazione sovietica nella falla tra lo C.S.I.R. e la 17.e Armee.

Chiaramonti e i suoi resistettero sei giorni, perdendo cinquecento uomini; Messe definì semplicemente meravigliosa la resistenza dell'80° fanteria.

▲ Le CCNN della "Tagliamento" distribuiscono cibo ai civili russi.

---

[1] La divisione fucilieri del 1941 aveva in organico 19.000 uomini; ogni reggimento aveva 2900 fra ufficiali e soldati; nel 1942 la divisione sovietica diminuì di dimensioni, riducendosi a 9500 uomini su 3 reggimenti (2500 uomini ciascuno) più un reggimento artiglieria, ma aumentando la potenza di fuoco (A. Mollo, *The Armed Forces of World War II*, London 1981, tr. it. Novara 1982, pp. 36-37 e 168-169).

▲ Carri distrutti dagli italiani.

▼ Bandiera sovietica catturata dagli italiani. Si noti il motto di Marx Proletari di tutto il mondo, unitevi!

Per sbloccare Nikitowka e permettere all'80° di rientrare nelle linee italiane tra Gorlowka e Rikowo venne deciso di tentare un'azione con il 79° *Roma*, gemello dell'80°, ed elementi del reggimento Lancieri di Novara, appoggiati da alcuni pezzi dell'8° reggimento Artiglieria. Tuttavia la reazione sovietica bloccò gli italiani ed un contrattacco li costrinse ad abbandonare l'azione.

Non ebbero migliori risultati altri due tentativi compiuti il 10 e l'11 novembre con due battaglioni del 3° Bersaglieri in supporto.

Un nuovo tentativo ebbe luogo il 12.

Punta di lancia dell'operazione doveva essere la 1a Compagnia del LXXIX° battaglione Camicie Nere d'Assalto della *Tagliamento* che avrebbe aperto la strada al 79° Fanteria.

Il mattino del 12 novembre, appoggiati anche dalla caccia italiana che utilizzava il campo di aviazione di Stalino, i legionari attaccarono le linee sovietiche.

Gli assalti delle Camicie Nere riuscirono finalmente ad aprire un varco nello sbarramento degli assedianti, anche se la pressione sovietica della 74ª divisione non diminuì.

Elementi del 79° fanteria raggiunsero quindi Nikitowka alle 14.30 congiungendosi all'80° reggimento.

Gli italiani resistettero sino a notte, quindi sotto una tormenta di neve le truppe di Chiaramonti e le forze che l'avevano soccorso rientrarono nelle linee italiane.

Lo sblocco di Nikitowka era costato agli italiani centocinquanta morti, trentasei dispersi e più di cinquecentocinquanta feriti; tuttavia con la sua veramente eroica difesa Chiaramonti era riuscito ad evitare che il nemico si infiltrasse tra i tedeschi e lo C.S.I.R.

▲ Camicie nere della Tagliamento: battaglia di Natale.

Il sette dicembre il comando della *Tagliamento* venne dislocato a Krestowka.

Al comandante della Legione venne affidato il comando del fianco sinistro della *Celere*.

Il nove truppe sovietiche tentarono due colpi di mano contro le posizioni tenute dai due battaglioni CC.NN.; un altro tentativo venne fatto il tredici dicembre contro il caposaldo di Nowaja Orlowka, presidiato dai legionari friulani della 2a compagnia del LXXIX° battaglione che respinsero le pattuglie avversarie infliggendo perdite.

L'aumentata azione di pattuglie sovietiche faceva presagire che anche nel settore tenuto dagli italiani i sovietici stessero progettando un'offensiva.

La ricognizione aerea e le pattuglie italiane rilevarono infatti l'arrivo nelle posizioni antistanti quelle della *Celere* di due divisioni sovietiche (la 136^a e la 296^a fucilieri) oltre ad un intenso traffico ferroviario e di automezzi.

I sovietici stavano dimostrando in quei giorni una ripresa offensiva totalmente inaspettata per L'Oberkommando della Wehrmacht. Già il 29 novembre, lungi dal darsi per vinti, avevano rioccupato Rostow; il dieci dicembre l'Armata Rossa passava all'attacco sul fronte nord, presso Leningrado, costringendo i tedeschi ad arretrare di cinquanta chilometri. L'offensiva si era estesa al settore centrale, dove i tedeschi dovettero ritirarsi di un centinaio di chilometri senza però che i sovietici riuscissero a raggiungere Smolensk, l'obbiettivo prefissato.

Nel settore meridionale la STAVKA si proponeva di scardinare le armate di von Rundstedt all'altezza di Karkhov per avvolgere poi le armate avversarie schierate fino al Mar Nero ed impegnate nel settore del Mius da un grosso attacco che le avrebbe fissate sul posto.

Il ciclo di operazioni sarebbe infine dovuto culminare con la rioccupazione del Chersonneso (Kersh), in Crimea, dove Sebastopoli continuava a resistere all'assedio rumeno- germanico.

L'offensiva, che iniziò il diciotto gennaio fallì questi obbiettivi, riuscendo solo a creare una grande sacca nel settore di Isjum.

In questo quadro, i sovietici erano divenuti attivissimi dopo la sostituzione di Budjenni con il generale (poi Maresciallo dell'U.R.S.S.) Timoshenko, e venivano lanciando attacchi contro i settori del Gruppo Mackensen (III. Ak), del XV. Ak, del XLIX Gebirgskorps e dello C.S.I.R., alla ricerca della più agevole direttrice di penetrazione, dove effettuare lo sfondamento ed operare in profondità allo scopo di costringere l'Asse ad impegnare le proprie scarse riserve.

Le ricognizioni sovietiche con cui si erano scontrate le Camicie Nere erano servite ai sovietici per rendersi conto come le truppe di presidio fossero scarse: cinque battaglioni del 3° reggimento Bersaglieri, quattro gruppi d'artiglieria e due battaglioni della *Tagliamento*.

Anche la volontà politica di infliggere una batosta alle truppe fasciste di Mussolini, i volontari in camicia nera, aveva un'importanza propagandistica notevole per i sovietici.

I politruk avevano dato l'ordine di non far prigionieri i fascisti, e dell'ordine fecero le spese anche altri italiani, come quando i sovietici massacrarono tutti i feriti dell'ospedale da campo del 3° Bersaglieri caduto nelle loro mani.

Inoltre venne deciso di attaccare il giorno di Natale, ritenendo che gli italiani quel giorno fossero maggiormente depressi e afflitti dalla nostalgia di casa, per di più in pieno inverno russo, e dunque meno inclini a battersi.

Di questa insipienza psicologica probabilmente buona parte della responsabilità spetta ai fuorusciti italiani a Mosca, in primis Togliatti e D'Onofrio, particolarmente attivi nella propaganda disfattista diretta ai nostri soldati al fronte.

▲ Camicie Nere durante la battaglia di Natale.

▼ Camicie Nere in azione durante la battaglia di Natale.

▲ Filippo Tommaso Marinetti, padre del Futurismo, volontario in Russia con la Legione Tagliamento; si guadagnò una Medaglia di Bronzo durante la battaglia di Natale del dicembre 1941

Alle ore sei del mattino del 25 dicembre una pattuglia della 2ª compagnia del LXXIX° comandata dal capomanipolo Codeluppi uscì dal caposaldo di Nowaja Orlowka diretta su Ploskj.

Sulla zona infuriava una violenta tempesta di neve, che durò tutta la giornata e che impedì alle aviazioni italiana e sovietica di prendere parte alle operazioni.

Usciti dal caposaldo Codeluppi notò forti nuclei avversari, vestiti con tute mimetiche, che, protetti dalla tormenta, erano diretti su Nowaja Orlowka e si affrettò a rientrare dando l'allarme.

Si trattava degli interi battaglioni I° e II° del 692° reggimento fucilieri della 296ª divisione di fanteria, i quali iniziarono l'attacco sia frontalmente che sul lato sinistro del caposaldo, appoggiati da due reggimenti d'artiglieria (530° e 813°), e varie unità di mortaisti.

L'attacco fu durissimo, e alle 7.30 il centurione Mengoli trasmise al comando Legione il suo ultimo radiomessaggio:

Siamo attaccati sul fronte ed a sinistra. Urgono rinforzi.

Dopo questo messaggio i collegamenti con Nowaja Orlowka s'interruppero.

Ai battaglioni attaccanti si unirono anche i cavalleggeri della 38ª divisione di cavalleria, appoggiati dall'artiglieria e dal fuoco dei mortai da 102mm.

Il comandante di compagnia, centurione Mengoli, era caduto, tutti gli ufficiali erano morti o feriti quando il capomanipolo Ezio Barale, l'unico ufficiale rimasto, nel momento culminante dello scontro, ordinò un contrattacco all'arma bianca con un pugno di superstiti.

Separato dai suoi, si battè col pugnale finché non venne ucciso da una raffica.

▲ *'Rukij Verk! Mani in alto!' Rastrellamento dei Legionari in un villaggio sovietico durante la battaglia di Natale*

Alle 6.30 il III° battaglione del 692° reggimento sovietico, appartenente alla 296ª divisione fucilieri, preceduto da unità di cavalleria e appoggiato da artiglieria (un reggimento) e mortai da 102mm, attaccò il caposaldo di Malo Orlowka, tenuto dai friulani del LXIII° battaglione Camicie Nere, ma la reazione dei militi fu durissima, e l'attacco sovietico venne stroncato con forti perdite.

Una colonna della 136ª, aggirata Ivanovka, si diresse su Mikhailowka, tenuta dalle Camicie Nere del LXXIX° battaglione.

Lo scontro si fece feroce, tanto che le Camicie Nere si difesero anche con i pugnali- il Maresciallo Messe scrisse che la lotta è durissima, con frequenti scontri all'arma bianca- ed il comandante della *Tagliamento*, il Console Nicchiarelli, dispose l'invio in rinforzo della 2a compagnia del LXIII° battaglione (centurione De Apollonia) che si trovava a Malo Orlowka, a dieci chilometri di distanza. De Apollonia ed i suoi uomini vennero attaccati però da un battaglione del 692° fucilieri forte di almeno seicento uomini, e dovette ripiegare su Krestowka. Intanto i sovietici si misero a massacrare i feriti dell'ospedale da campo del XVIII° in cui erano ricoverati Bersaglieri e legionari reduci da Nowaja Orlowka; il primo a venire ucciso fu il sottotenente Angelo Vidoletti che tentava di difendere i feriti (ebbe la Medaglia d'Oro alla memoria), poi gli altri vennero massacrati uno ad uno con un colpo alla nuca.

Fu un bersagliere ferito, riuscito a fuggire e nascosto da una donna ucraina, a raccontare lo svolgimento dei fatti quando, quarantott'ore dopo Ivanovka venne ripresa dagli italiani. Nel giudicare il trattamento inflitto dai tedeschi ai prigionieri sovietici andrebbero valutati episodi come questo, tutt'altro che infrequenti.

Alle 15.45 anche Krestowka ed il comando della *Tagliamento* vennero attaccati dalla 296ª divisione e dalla cavalleria della 38ª divisione; a parte il plotone comando l'unica forza disponibile per la difesa era la compagnia del centurione De Apollonia che vi si era rifugiata dopo esser stata attaccata nella mattina. Data la pressione crescente, il comandante della Legione decise di ripiegare su Malo Orlowka, che continuava a resistere.

Venne formata così una colonna volante formata dal comando della *Tagliamento*, dal plotone comando del LXIII° battaglione armi d'accompagnamento, protetti dalla 2ª compagnia del LXIII° battaglione CC.NN.; alla colonna si unì anche il II° Gruppo del Reggimento Artiglieria a Cavallo con una sezione cannoni da 20.

La colonna si aprì la strada verso Malo Orlowka, coperta dagli uomini di D'Apollonia e dall'artiglieria a cavallo in retroguardia.

La situazione si fece subito pesante, poiché i sovietici premevano sulla 2a compagnia, supportata dal tiro ad alzo zero di una delle batterie delle Voloire, che insieme al fuoco intensissimo delle Camicie Nere costrinsero il nemico a ripiegare, tanto che gli artiglieri, una volta esaurite le munizioni, poterono attaccare i pezzi alle pariglie riprendendo il movimento verso Malo Orlowka che venne raggiunta alle 17 e trenta.

Nella notte, il comando del C.S.I.R. e quello del XLIX. Gebirgskorps decisero di passare alla controffensiva il giorno seguente, rioccupando Ivanovka e Nowo Orlowka.

Oltre agli italiani sarebbe stata impiegata anche la riserva mobile del XLIX., composta dall'*Infanterieregiment* 318., da pochi carri del *Panzerregiment* 10. (per lo più Pzkw IIIG ed H, oltre a pochi Pzkw IVE) e dal *Fallschirmjägerregiment* 2. (il cui uso però non era stato ancora autorizzato).

▲ Ritratto di Filippo Tommaso Marinetti con l'uniforme della MVSN in Russia.

▲ Legionari del Gruppo "Tagliamento" e Camicie Nere Croate, fronte russo 1942.

▼ Il comandante Egon Zitnik con altri ufficiali della Legione Croata della MVSN. Si noti l'uso iniziale della divisa jugoslava con mostreggiature italiane.

▲ Il comandante della Legione Croata della MVSN Egon Zitnic (al centro). A destra: Distintivo della Legione Croata della MVSN, con gli stemmi italiano e croato, il Fascio e il simbolo Ustasha, e le sctitte PER IL DUCE ALALA' e ZA DOM SPREMNI! (*Per la Patria, avanti!*)

▼ Mitraglieri delle camicie Nere nella Steppa

Ciò che più contava, come scrisse poi il Maresciallo Messe, era che

"Alla fine del primo giorno di battaglia l'attacco nemico è stato nettamente arginato e si è già iniziata in modo abbastanza soddisfacente la nostra reazione per ristabilire la situazione"

Il mattino del 26 dicembre riprese il contrattacco italo- tedesco; tuttavia i sovietici non avevano per nulla abbandonata la speranza di sfondare, e reiterarono gli attacchi nel settore della *Tagliamento*.
Appoggiati da quasi tutti i panzer del *Panzerregiment* 10. i Bersaglieri del XVIII° battaglione ed due battaglioni (1. e 22.) dell'*Infanterieregiment* 318. rioccuparono Orlowko Ivanovka, escluso il lato settentrionale del villaggio.
Nel frattempo i panzer arrivarono alla collina 331,7 e riuscirono a strapparla al 964° reggimento fucilieri, tenendola per un po', ma alla fine venendo respinti dalla crescente pressione avversaria.
Quanto alla *Tagliamento* il LXIII° battaglione CC.NN. uscì dal caposaldo di Malo Orlowka per tentare di riconquistare le posizioni di Nowaja Orlowka perdute nella giornata precedente.
Mentre le Camicie Nere avanzavano sotto la tormenta, vennero improvvisamente attaccate da truppe del 962° fanteria e da cavalleria (cosacchi della 68ª div. Cavalleria) provenienti da Krestowka, che stavano muovendo all'attacco di Malo Orlowka.
Il LXIII° ripiegò in fretta sulle posizioni di partenza, da dove riuscì a respingere i sovietici infliggendo al 962° forti perdite.

Anche il LXXIX° battaglione CC.NN. e i Bersaglieri del XVIII° rimasti a presidio del caposaldo di Mikhailowka vennero investiti da almeno due battaglioni sovietici (II°/733°, III°/966° e forse anche truppe del 387° fucilieri) appoggiati dal tiro dei mortai da 102 e dall'artiglieria.
Le Camicie Nere resistettero agli assalti, fino a quando l'arrivo di alcuni Pzkw III E del *Panzerregiment* 10. che rientravano da Ivanovka costrinse i fucilieri sovietici a sganciarsi.
Nel pomeriggio però i sovietici scatenarono un violento contrattacco, respingendo prima i tedeschi e quindi gli italiani fuori dall'abitato.
Il giorno ventisei si chiuse così senza particolari successi da parte italo- tedesca.
La mattina del ventisette il tempo era decisamente migliorato.
Ciò permise sia all'aeronautica sovietica che al 22° Gruppo Caccia autonomo di fare la propria comparsa sui cieli del campo di battaglia.
I caccia Macchi C.200 ebbero buon gioco contro gli I-16b, aerei decisamente più vecchi e che i piloti italiani, in molti casi veterani del conflitto spagnolo, conoscevano bene. In tre giorni il 22° potè rivendicare quattordici vittorie.
Quel giorno venne deciso che la Legione *Tagliamento* avrebbe ripetuto l'attacco fallito il giorno precedente; per rafforzare le Camicie Nere vennero assegnati al LIII° battaglione CC.NN. del Primo Seniore Ermacora Zuliani i mortai della compagnia A.A. dell'81° fanteria *Torino*.
Un battaglione del medesimo reggimento avrebbe affiancato proteggendolo il fianco sinistro del battaglione CC.NN.
L'azione ebbe inizio nella prima mattina, e i militi, coadiuvati dai fanti e da elementi dell'altro battaglione della Legione, il LXXIX° CC.NN., che mossero da Mikhailowka, rioccuparono verso mezzogiorno le posizioni di Nowaja Orlowka.

Alle quindici, dopo un'intensa azione di mitragliamento e spezzonamento compiuta dal 22° Gruppo, le Camicie Nere insieme ai fanti tedeschi del 318. poterono riconquistare Ivanovka, dove scoprirono il massacro dei prigionieri e dei feriti compiuto dai fucilieri della 296ª il 25.
La spinta offensiva delle truppe di Timoshenko era ormai esaurita. Ciò non voleva però dire che i sovietici avessero rinunciato a combattere.
Infatti nella notte due battaglioni del 964° della 296ª fucilieri appoggiati da elementi del 733°/136a attaccarono strappando quota 331,7 costringendo i tedeschi a ripiegare entro la *Linea Z*.
La mattina del 28 il Console Nicchiarelli, comandante della *Tagliamento*, assunse il comando della riserva della 3ª divisione *Celere Amedeo duca d'Aosta*.
La situazione venutasi a creare con la perdita della quota 331,7 fece sì che il comando del XLIX Gebirgskorps, da cui la *Celere* dipendeva operativamente, ne ordinasse la riconquista.
Alle nove e mezza della mattina il LXIII° battaglione Camicie Nere mosse alla conquista della quota, tenuta dal 964 reggimento della 296 e da elementi del 733° appartenente alla 136ª divisione fucilieri.
I legionari di Zuliani erano appoggiati da due *Panzerkampfwagen* III H del *Panzerregiment* 10, da due plotoni mortai da 81 e da due plotoni di cannoni da 47/32 del LXIII° battaglione A.A. Sassari della *Tagliamento*, e dal plotone mortaisti dell'81°.
Dopo il bombardamento preliminare fatto dalle compagnie mortai, le Camicie Nere attaccarono prima con un fitto lancio di bombe a mano e poi all'arma bianca, e malgrado l'inferiorità numerica a mezzogiorno la collina 311, 7 era saldamente in mano italiana, mentre i fucilieri russi ripiegavano velocemente su Woroshilowa.
Sfruttando il momento favorevole, Zuliani ordinò il proseguimento dell'azione incalzando il nemico ed alle sedici anche l'abitato di Woroshilowa venne conquistato dalle Camicie Nere udinesi.
A quel punto i sovietici lanciarono il 733° ed il 964° contro Woroshilowa, senza però riuscire a sloggiarne i militi, nelle cui mani il villaggio rimase saldamente.
Il 29 dicembre i sovietici continuarono ad attaccare per riprendere Woroshilowa alle Camicie Nere del LXIII°; la lotta era aspra ma i legionari friulani tennero sino all'arrivo dei camerati del LXXIX° CC.NN. proveniente da Ivanovka.
Anche il mattino del 30, prima dell'alba, la 296a fece un ulteriore tentativo di riprendere Woroshilowa, ma la *Tagliamento* respinse prontamente tutti gli attacchi; i fanti sovietici si impadronirono però della quota 331,7, tenuta da due plotoni dell'*InfRgt* 318, ciò che lasciò isolata a Woroshilowa la *Tagliamento*.
Data la temperatura, che scese sino a −35, anche le radio non riuscivano a funzionare. Il Console Nicchiarelli decise di tentare l'apertura di un varco con due plotoni arditi, ma il violentissimo concentramento di fuoco impedì ai plotoni di uscire dal paese. Alle sette del mattino uscì un plotone arditi comandata dal capomanipolo Menegozzo, che raggiunse la quota 331,7 impadronendosene con un colpo di mano che colse i sovietici totalmente di sorpresa.
Menegozzo riuscì poi a raggiungere il villaggio di Ivanovskiy, mettendosi a rapporto con il vicecomandante della *Celere* ed esponendo la situazione in cui si trovavano le Camicie Nere.
Venne allora decisa un'azione che precedeva lo sblocco di Woroshilowa e la riconquista di quota 331,7.

Tale azione sarebbe stata compiuta dal battaglione di riserva della divisione, il XVIII° battaglione Bersaglieri, appoggiati dai pochi carri Pz III H del PzRgt 10.

Quando però Bersaglieri e carristi arrivarono a quota 331,7 ebbero la sorpresa di trovarla non in mano sovietica ma presidiata dalle Camicie Nere della *Tagliamento* che avevano provveduto ad occuparla dopo il colpo di mano del plotone di Menegozzo, alleggerendo così la situazione di Woroshilowa.

La battaglia di Natale era finita. L'offensiva di Timoshenko era stata stroncata sin dall'inizio grazie alla determinazione delle Camicie Nere della Legione *Tagliamento* e dai Bersaglieri del XVIII° che non avevano ceduto in situazioni climatiche difficilissime (- 43°, sotto tormente di neve) contro un nemico molto più numeroso.

▲ Un'autocolonna della MVSN attraversa un centro urbano.

▲ Le Camicie Nere conquistano Stalino.

▼ Legionari M in azione presso Stalino, estate 1942.

▲ Transito di autoveicoli italiani in un centro abitato in Russia.

▼ Camicie Nere all'assalto di un villaggio.

▲ Ucraina: Camicie Nere in combattimento sulla golena di un fiume.

▲ Ucraina: Camicie Nere in combattimento.

▲ I prigionieri escono dalle isbe.

▼ I sovietici prigionieri.

▲ Due soldati sovietici si arrendono.

▲ Camicie Nere in avanzata.

▲ Le Camicie Nere del Gruppo Tagliamento consumano il rancio su una statua decapitata di Lenin.

▼ Rancio sulla statua di Lenin.

IL RAGGRUPPAMENTO 3 GENNAIO E LA PRIMA BATTAGLIA DIFENSIVA DEL DON (AGOSTO 1943)

S'era intanto costituito il Raggruppamento Battaglioni CC.NN. d'Assalto *3 Gennaio* al comando del Luogotenente Generale Filippo Diamanti (lo stesso le cui Camicie Nere s'erano battute strenuamente nella difesa di passo Uarieu nel corso della Iª battaglia del Tembien, nel gennaio del 1936, salvando con la loro resistenza l'intero schieramento italiano dall'accerchiamento).

Si trattava del primo dei due Raggruppamenti di cui era previsto l'impiego in URSS, insieme al Raggruppamento *23 Marzo*; per il momento il Raggruppamento *3 Gennaio* era costituito solo dai reparti del Gruppo *Tagliamento* e dalle Camicie Nere croate della Legione Croata, mentre l'altra componente, il Gruppo *Montebello*, sarebbe giunta in linea solo l'11 settembre; il Comando Raggruppamento giunse invece ad agosto. Il Raggruppamento (ossia, in pratica il Gruppo *Tagliamento* e il migliaio di legionari croati) operava nell'ambito del XXXV Corpo, di cui costituiva truppa a disposizione del Comando, insieme al Raggruppamento a Cavallo *Barbò*, ed alle divisioni veterane del vecchio C.S.I.R. *Celere*, *Pasubio* e *Torino*, cui si era aggiunta l'appena arrivata *Sforzesca* che non aveva ancora avuto il battesimo del fuoco in Russia, ed una serie di reparti minori tra cui la 32ª Compagnia Controcarro *Granatieri di Sardegna*, particolarmente scelta.

Le truppe di Messe dovevano presidiare un settore lungo oltre sessanta chilometri in linea d'aria, ma in realtà lungo le sponde piene di anse del Don lo schieramento doveva coprirne ottanta; tale settore era delimitato ad ovest dal meridiano di Jelanskoie ed ad est dal punto corrispondente a dove, sull'opposta riva, il fiume Choper s'immette nel Don.

La divisione *Sforzesca* costituiva con il suo 54° fanteria *Umbria* l'ala destra di tutto lo schieramento (ed il mettere truppe non pratiche del fronte russo in una posizione così importante fu un errore pagato poi caro). A destra della *Sforzesca* era schierata la 79. *Infanteriedivision*, appartenente al 17. Armeekorps del gen. Hollidt, estrema ala sinistra della 6.^ Armee di Paulus. Per un'estensione di circa trenta chilometri verso oriente sulla riva destra del Don, dal punto prospiciente il punto in cui il Choper si getta nel Don sino alla vasta ansa che il Don forma a Serafimovitch la sorveglianza della riva era affidata solo ad un gruppo esplorante formato da uno squadrone di cavalleria (colonna Conforti), una compagnia ciclisti ed una di pionieri, distribuiti in pochi chilometri di sbarramenti arretrati assai discosti dal fiume ed ampiamente intervallati tra di loro. Infatti il comando del Gruppo d'Armate B aveva ritenuto che il Don fosse in quel tratto inguadabile e considerava sicura l'area. In una simile situazione, i sovietici finivano per trovarsi padroni non soltanto della riva sinistra del fiume, ma anche della destra, dove continuavano ad avere in mano la testa di ponte dell'ansa di Serafimovitch e quella della foresta tra Bobrowskj e Baskowskj, da dove lanciavano continui attacchi di pattuglie contro gli italiani, ma anche dei villaggi della fascia rivierasca, da cui si erano andati estendendo in profondità verso sud specialmente a ridosso della linea di giunzione tra la *Sforzesca* e la 79. Inf. Div. Germanica.

Data la situazione di contatto tattico assai incerto tra il XXXV Corpo italiano ed 17. AK tedesco, le truppe sovietiche disponevano di un ottima base di partenza per condurre attacchi e puntate offensive contro il XXXV Corpo.

Per parare la minaccia Messe dispose che le riserve di Corpo comandata dal gen. C. Pellegrini comprendeva il 53° e 54° Reggimento Fanteria *Umbria* ed il 17° reggimento Artiglieria motorizzato. Il 6 agosto Hollidt, comandante del 17. AK (da cui dipendeva temporaneamente la *Celere*) ordinò a due battaglioni Bersaglieri (XIII° e XIX° entrambi del 6°) ed a due tedeschi (1./208. e 3./212, 79.^ InfDiv.) di rastrellare la foresta dai russi della 304ª divisione, malgrado il parere sfavorevole del comando della *Celere*. Malgrado ore di combattimenti individuali nella foreste, e malgrado aver raggiunto in due punti le rive del Don, gli italo- tedeschi dovettero ritirarsi dopo che, nottetempo, truppe d'assalto sovietiche erano riuscite ad infiltrarsi tra le posizioni dell'Asse. d'Armata, ossia le Camicie Nere del Raggruppamento 3 *Gennaio* (esclusa la Legione Croata, passata alle dipendenze tattiche della divisione *Pasubio*) e il Raggruppamento a cavallo gravitassero sulla destra dello schieramento. Anche il comando della divisione *Sforzesca* provvide a proteggere la propria linea schierando due battaglioni del 54° fanteria facenti fronte a nord verso la riva del Don, e disponendo il terzo fronte ad est per fronteggiare una possibile infiltrazione sul fianco. Il 15 agosto il Gruppo *Tagliamento* era così dislocato:

- Bolschoj: Comando Raggruppamento 3 *Gennaio*;
- Bolschoj: Comando Gruppo *Tagliamento*;
- Bolschoj: LXXX° btg. M (tranne una compagnia) ;
- Blinoff: LXIII° btg. M;
- Kowoskij: una compagnia del LXXIX° btg. M.

Diamanti cercò di collegarsi con la 79. *Infanteriedivision* e ebbe il disappunto di scoprire che l'occupazione del settore non si prestava ad una difesa quanto all'osservazione, essendo costituita da piccoli nuclei isolati, ed anche che i villaggi di Brobrowskij e di Ust Choperskij sulla riva del Don, in prossimità della giuntura tra la 17. Tedesca e la *Sforzesca* erano in mano ai sovietici. Il nemico tra il 12 ed il 20 agosto effettuò, come sempre prima di un'offensiva, alcune incursioni contro lo schieramento italiano, che, per quanto di limitata portata costarono agli italiani una decina di morti e numerosi feriti. Scopo era quello d'individuare il punto più debole dello schieramento per tentare uno sfondamento: tale punto venne individuato nel settore tenuto dal 54° reggimento della *Sforzesca*.

La mattina del 17 agosto il comando del XXXV corpo avvertì il Raggruppamento 3 *Gennaio* dell'aumentante attività sovietica dall'ansa di Serafimovitch verso ovest e verso sud. Fu disposto allora lo spostamento del Comando del Gruppo *Tagliamento* e del LXIII° battaglione M da Bolschoj e Blinoff a Dewjatkin, ed il raggruppamento del LXXIX° M con la propria compagnia avanzata a Kotowskij; il comando del Raggruppamento si trasferì anch'esso a Dewjatkin, ed assunse alle proprie dipendenze la 1ª batteria del 201° Reggimento Artiglieria motorizzato

Alle due e trenta del mattino del 20 agosto i sovietici attaccarono il 54° reggimento *Umbria* con tre reggimenti della 197ª divisione fucilieri, l'828°, l'862° e l'889° fanteria.

Si trattava di truppe traghettate sulla riva del Don nel settore che gli italiani credevano presidiato dai *Landser dell'Inf. Rgt. 79.*, ma che questi avevano lasciato sguarnito senza avvertire il comando della *Sforzesca*.

▲ Il comandante dello CSIR, Giovanni Messe con le Camicie Nere della 'Tagliamento'

▼ Messe con i legionari del Gruppo Tagliamento.

▲ Carro sovietico T26 catturato dagli italiani.

I combattimenti s'accesero in particolare presso il villaggio di Simowskij, tenuto dai fanti, che riuscirono a respingere due attacchi sovietici. Un terzo attacco iniziò alle sette, penetrando nelle linee del II battaglione e mettendolo in fuga, ed aggirando ed attaccando alle spalle i villaggi di Simowskij e Krutowskij, ed alle otto e trenta il I° battaglione del 54° evacuò il settore di Simowskij. Di 684 uomini ne rientrarono nelle linee italiane solo 72. La situazione impose di impegnare in linea il III°/54°, già schierato fronte ad est che venne rilevato dal LXIII° battaglione M che Messe aveva messo a disposizione del comando della *Sforzesca*.

Il LXIII° M prese immediatamente posizione con fronte a nord est lungo il margine della balka che da Krutowskij si dirige a sud; all'azione delle Camicie Nere si unirono i dragoni del *Savoia Cavalleria* della colonna Conforti ed una batteria ippotrainata; ciò che riuscì ad impedire ai fucilieri della 19ª di dilagare alle spalle della *Sforzesca* circoscrivendo l'occupazione nemica in attesa di un contrattacco per eliminarla. A tale scopo Messe pose alle dipendenze della divisione *Sforzesca* anche il LXXIX° battaglione M e la 1ª batteria del 201° Artiglieria. Solo alle 15 e mezza, tredici ore dopo l'attacco il II° battaglione del 54° riuscì a sottrarsi all'accerchiamento. I reduci ricordarono come ovunque si vedessero fuggiaschi del 54°reggimento: per tale motivo i sovietici ribattezzarono con disprezzo la *Sforzesca Cikay divizijon*, divisione "Scappa".

▲ Saluzzo, 1942 I Luogotenenti Generali Galbiati, Capo di Stato Maggiore della M.V.S.N. e Francisci, comandante del Raggruppamento 23 Marzo passano in rassegna le CCNN in partenza per il fronte.

Nel frattempo i sovietici continuavano a traghettare uomini dalla riva sinistra, tra cui truppe scelte della 14ª divisione delle Guardie. Alle diciotto del pomeriggio le Camicie Nere del LXXIX° M giunsero alla località indicata sulle carte italiane come le Fontanelle, due chilometri a sud della quota 163,1, mentre la 1ª batteria del 201° prendeva posizione nelle vicinanze provvedendo a piazzare i pezzi in batteria.

All'alba del giorno seguente i sovietici ripresero ad attaccare nel punto di saldatura tra il 54° ed il 53° fanteria, con reparti freschi della 14ª Guardie e della 204ª fucilieri, puntando in direzione della quota 232,2, nodo centrale della displuviale tra Kriutscha e Zuzkan.

Alle 11 e 50 della mattina il LXXIX° battaglione M ricevette l'ordine di trasferirsi con gli autocarri presso quota 232, 2 e di qui spostarsi a piedi ad occupare le quote 191, 4 e 188,6 credute ancora sgombre, sistemandosi a difesa. Giunti intorno alle 15,00 in prossimità del punto stabilito per scendere dai camion, gli automezzi di testa della colonna vennero investiti dal fuoco proveniente da quota 232,2 che era stata occupata dai sovietici. Il comando di battaglione decise di attaccare, ma nello stesso momento i fucilieri dell'889° reggimento cercarono di aggirare il battaglione, che riuscì a fronteggiare la situazione, ma intorno alle 17,30 dopo in intenso fuoco di mortai, incuranti delle perdite subite, i fucilieri tornarono a sferrare un violento attacco per tentare di ripetere l'aggiramento sul fianco destro delle Camicie Nere.

▲ Galbiati e Francisci parlano al Raggruppamento 23 *Marzo* in partenza per il fronte.

▲ I legionari M del Gruppo *Montebello* in partenza per il fronte orientale, 1942.

▼ Francisci e Galbiati.

La situazione si fece critica per la pressione nemica e per la perdita di parecchi uomini tra cui diversi ufficiali (ne restarono solo quattro); anche le munizioni andavano esaurendosi, e il comando di battaglione si rendeva conto dell'eccessiva dispersione delle forze su un fronte troppo ampio: ma un ripiegamento su posizioni meglio difendibili avrebbe lasciato alla mercé del nemico i due provatissimi battaglioni del 54° e le artiglierie in ripiegamento. Il comandante del LXXIX° M ordinò di continuare la resistenza sul luogo, senza cedere di un metro, e le Camicie Nere continuarono a proteggere la ritirata delle truppe della *Sforzesca*, con una resistenza rabbiosa ed eroica. L'azione del LXXIX° aveva richiamato sul reparto tutta l'attenzione dei russi, che tendevano a spezzare lo schieramento italiano per poterne poi aggirare i tronconi.

Mentre il LXXIX° battaglione era impegnato nei combattimenti Messe aveva intanto ordinato al comando della *Sforzesca* di costituire un caposaldo presso l'abitato di Tchebotarewskij facendovi affluire tutte le truppe disponibili nel settore di destra della divisione, tra le quali vi erano anche il LXIII° battaglione CC.NN. M con il LXIII° battaglione A..A., la Colonna Conforti (*Savoia Cavalleria* e artiglieria ippotrainata) oltre ai superstiti del I° battaglione del 54° reggimento.

Il comando del LXIII° M e dei resti del I°/54° venne dato al tenente colonnello Vittorio De Franco, comandante del LXIII° battaglione armi d'accompagnamento Sassari del Gruppo *Tagliamento*. Intorno alle 18,30 i sovietici s'avvidero del movimento, ed inviarono contro il fianco destro del I° battaglione del 54° fanteria elementi della 19ª e le guardie della 14ª, che si incunearono tra questo ed il LXIII° battaglione M, che era schierato lungo un perimetro difensivo di cinque chilometri.

Il I° battaglione venne spazzato via, mentre le Camicie Nere del LXIII°, anch'esse isolate, riuscirono ad aprirsi un varco approfittando dell'oscurità crescente ed a raggiungere Tchebotarewskij. La Colonna Conforti era stata tagliata fuori dall'irrompere dei sovietici nel varco tra fanti e Camicie Nere, ma i dragoni caricarono a sciabolate i fucilieri, mettendoli in fuga ed aprendosi un varco insieme all'artiglieria ippotrainata, subendo però gravi perdite.

I legionari del LXXIX° M assisterono agli scontri, senza però poter intervenire sia perché fortemente impegnati sia per il frammischiamento delle truppe italiane e sovietiche. Se i sovietici erano riusciti a disorganizzare il ripiegamento degli italiani fallirono nell'ottenere risultati tattici, perché nottetempo i reparti italiani riuscirono, sotto la protezione offerta dal LXXIX° M che continuava a combattere, a riorganizzarsi ed a prendere posizione a Tchebotarewskij.

Queste poche righe nella loro schematicità non rendono giustizia al comportamento dei legionari, comportamento che valse al Labaro del Gruppo la Medaglia d'Oro al Valor Militare: ci si perdoni quindi una citazione piuttosto lunga che ben descrive quanto avvenuto. In una rievocazione della battaglia un reduce del glorioso *Savoia Cavalleria* dà vivida descrizione dei combattimenti sostenuti dalle Camicie Nere del LXXIX° battaglione M nella notte del 21 agosto, testimonianza che vale la pena di essere riportata per esteso:

Intanto quelli della Tagliamento continuavano a resistere sotto i colpi: decimati, distrutti, a pezzi, ma miracolosamente tenevano ancora duro. Sentivamo distintamente dice Gualtiero Lolli, (...) caporale del II Squadrone [del *Savoia Cavalleria*, N.d.A.] (...) *nel fragore del combattimento le urla -urrà Stalin- dei Russi che andavano all'assalto.*

Era già notte, ma a causa dei mortai e delle mitragliatrici ci si vedeva come di giorno: li stavano massacrando tutti....
Quelli della Tagliamento, dunque, pagano di persona il cedimento della Sforzesca.
Sono quattro gatti, che con le unghie e coi denti si difendono rabbiosamente.
Nelle tenebre squarciate dai lampi s'intravede ogni tanto un elmetto al di sopra della mischia, contro il quale s'accaniscono le traccianti nemiche.
Armato di solo moschetto, quell'ignoto trova ancora la forza di prendere accuratamente la mira, guardando la direzione da cui arrivano le traccianti; spara e colpisce, spara e colpisce, senza soluzione di continuità, finché si abbatte anche lui sopra il cadavere degli altri, dei commilitoni". "Quanto più a lungo dura, per una miracolosa forza di volontà, la lotta dei ragazzi della Tagliamento, con tanta maggiore rabbia si accaniscono i Russi sopra quelle posizioni [ai fucilieri dell'889° reggimento, 197ª Divisione, si erano intanto aggiunte anche aliquote della 14ª Divisione fucilieri delle Guardie, N.d.A.].
Li si vede chiaramente accorrere a frotte, in quel buio [rotto] dai bagliori acceganti, dalle vampe che tingono di bluastro e di giallo il cielo, con il fumo degli scoppi a riflettere bizzarramente il lampo delle esplosioni. I Russi paiono sbronzi93, tanto si fanno sotto, si buttano correndo con il parabellum agitato da destra a sinistra a vomitare traccianti. I ventagli delle traiettorie fanno dei curiosi effetti di luce, dei ricami geometrici, delle linee appena paraboliche, quando il colpo si perde lontano.
Come i gatti dalle sette vite quei coraggiosi resistono al Russo.
Nella fretta spasmodica non c'è tempo di distinguere fra chi viene avanti sparando e chi alza le mani in segno di resa: può essere un trucco per farti cacciare il naso fuori dalla buca e stenderti secco. Si spara, quindi, finché si può, finché ci sono munizioni oppure si è ammazzati come bestie dal nemico avanzante".

▲ Il Raggruppamento 23 Marzo schierato a Saluzzo prima della partenza per il fronte orientale.

In effetti, prima degli assalti ai soldati sovietici veniva spesso somministrata vodka.

"Dalle balke si alzavano i bagliori delle cannonate", racconta Nino Malingambi, sempre del II Squadrone. *"Si sentiva gridare distintamente: mamma! Aiuto! Savoia! Italia!...Erano quelli della Tagliamento che avevano ricevuto l'ordine di non ripiegare comunque. (...)"*

La resistenza dei militi del LXXIX° aveva evitato che i fucilieri sovietici dell'889° reggimento e della 14° Guardie avvolgessero l'ala destra dello schieramento italiano. I legionari avevano tenuto fede sino all'ultimo al loro inno, combattendo davvero, come diceva il loro inno, *sino all'ultimo respir*. Come riconobbe il generale Messe, comandante del XXXV° Corpo d'Armata (il vecchio C.S.I.R.) parlando delle Camicie Nere del LXXIX°, si deve al cosciente sacrificio dei suoi soldati se il nemico, in conseguenza dell'arresto subito, non riuscì a sopravanzare l'ala destra dello schieramento che nel tardo pomeriggio.

I combattimenti durarono sino a notte fonda, quando, il centinaio di legionari superstiti del LXXIX° riuscì a raggiungere combattendo alle 2,30 della notte del 22 agosto Tchebotarewskij attestandosi a difesa di tale caposaldo insieme alle truppe già presenti alle cinque della mattina. La giornata del 22 agosto trascorse senza che i sovietici attaccassero le posizioni del Gruppo *Tagliamento* e degli altri reparti trincerati a Tchebotarewskij.

Fu solo verso le prime ore della notte che reparti della 203ª divisione si avvicinarono silenziosamente al settore tenuto dalle Camicie Nere del LXXIX° battaglione, che, accortesi delle pattuglie avversarie, le investirono prontamente con il tiro delle proprie armi e scattarono poi al contrattacco all'arma bianca, per evitare di esaurire le sempre più scarse munizioni, respingendo i sovietici, che nel corso della nottata tentarono poi più volte di infiltrarsi senza conseguire alcun risultato e venendo sempre ributtati indietro dai militi.

Alle 3,30 del 23 agosto la 203ª fucilieri attaccò in forze su tutta la linea, venendo contenuta dagli italiani a costo di ingenti perdite.

italiane e di un preoccupante consumo delle munizioni, in via d'esaurimento. Proprio il munizionamento era quello che preoccupava i legionari: gli uomini, da tre giorni non riposano, da due giorni non mangiano, ma domandano solo munizioni.

Alle dieci di mattina il 612° reggimento della 203ª divisione lanciò un nuovo violento attacco, respinto dalle Camicie Nere, che ebbero la gioia di vedere arrivare poco dopo le attese munizioni. I sovietici attaccarono di nuovo in forze (ora con reparti della 14ª Guardie) nel pomeriggio del 23, venendo ancora una volta respinti. Nel pomeriggio uscirono pattuglie di esploratori del *Tagliamento* che rientrarono dopo aver prelevato alcuni prigionieri, dai quali vennero appresi i nomi dei reparti utilizzati dal nemico e l'ingente numero di morti causato dalla resistenza dei legionari. La stessa sera, visto che il Gruppo *Tagliamento* era oramai tutto riunito a Tchebotarewskij il comando della divisione *Sforzesca*, con il consenso di Messe, autorizzò il Console Mittica a riprendere il comando diretto del suo Gruppo, i cui reparti erano stati sino ad allora utilizzati separatamente come riserva alle dipendenze del XXXV Corpo e del comando di divisione.

Se in altri settori la giornata del 24 fu molto dura (il reggimento *Savoia Cavalleria* effettuò quel giorno la celeberrima carica di Isbushenskij mettendo in rotta tre battaglioni dell'802°/304ª fucilieri) a Tchebotarewskij la giornata trascorse tranquilla, permettendo alle Camicie Nere di riposare anche se in uno stato di continua vigilanza.

▲ Legionari M su una tradotta diretta in Russia, 1942.

In realtà i sovietici stavano preparando l'attacco decisivo contro il caposaldo, attacco che venne scatenato dalla 203ª e dalla 14ª divisione Guardie alle cinque e trenta del mattino del 25 agosto. I sovietici attaccarono Tchebotarewskij con forze valutate il decuplo di quelle dei difensori, avvolgendo da est le posizioni italiane e tagliando fuori i reparti da ogni contatto diretto con i comandi e con le unità d'artiglieria destinate all'appoggio delle difese.

L'artiglieria oltretutto, a seguito dell'avvolgimento, venne a trovarsi priva della protezione delle fanterie, così che dovettero riposizionarsi a sud di Kotowskij dove si trovavano *Savoia Cavalleria* e *Lancieri di Novara*. Malgrado la pressione sovietica le Camicie Nere del Gruppo *Tagliamento* ed i fanti del I° battaglione del 54° *Umbria* resistettero per ore; i legionari, come già nei giorni precedenti, per meglio mirare e risparmiare munizioni tirando a colpo sicuro si alzavano in piedi a sparare incuranti delle raffiche. Ma le forti perdite, l'esaurirsi delle munizioni, la totale mancanza d'acqua e i collegamenti interrotti indussero infine Mittica e il ten.col. Spighi ad ordinare una sortita verso sud ovest, nell'intento di raggiungere Gorbatowo, o se impossibile, una qualsiasi zona tenuta da truppe dell'Asse.

Furono formate tre colonne: a sinistra le Camicie Nere del LXXIX° M, al centro il LXIII° battaglione M ed elementi del LXIII° battaglione armi d'accompagnamento, a destra i resti del I° battaglione del 54° fanteria della *Sforzesca*. Le tre colonne attaccarono con un lancio furibondo di granate e all'arma bianca gli assedianti, aprendosi un varco attraverso il quale riuscirono a passare tutti i superstiti, anche se feriti, portando con sé anche gran parte dei corpi dei caduti per non lasciarli in mano al nemico. I sovietici inseguirono le tre colonne, ma le retroguardie, per ritardare gli inseguitori, contrassaltarono all'arma bianca, avendo esaurito tutte le munizioni, avendo oramai sparato sino all'ultima cartuccia. Infine le colonne di Camicie Nere e fanti, con alla testa Mittica e Spighi riuscirono a sganciarsi, raggiungendo nel tardo pomeriggio al villaggio di Gorbatowo, dove si trovava il generale Pellegrini con il comando della divisione *Sforzesca*. Qui finalmente riforniti di munizioni, acqua e viveri, Camicie Nere e fanti si disposero a disposizione del comando divisionale per la difesa di Gorbatowo contro i reiterati attacchi avversari, che cessarono solo il giorno successivo, il 26 agosto.

Le perdite complessive del Gruppo Battaglioni CC.NN. M *Tagliamento* nei giorni dal 20-26 agosto 1942 furono di 458 uomini.

Nel ciclo operativo le Camicie Nere avevano catturato 3 mortai da 82, 4 mitragliatrici pesanti, 8 fuciloni controcarro PTRD 41, 16 mitragliatrici, 7 fucili mitragliatori PPSh, 150 fucili automatici Tokarev M 40, munizioni e materiale vario oltre a 445 prigionieri, tra cui 4 ufficiali. La mattina del ventisei il Gruppo *Tagliamento* era ridotto ad una forza complessiva di 14 ufficiali e 420 Camicie Nere (a luglio, dopo la battaglia di Krasnij Lutsch consisteva di 60 ufficiali e 1503 tra sottufficiali e militi).

Il Gruppo si trovava schierato sui costoni a nord ovest di Gorbatowo. Il comando della *Sforzesca* ne dispose lo spostamento verso nord est allo scopo di occupare e presidiare la località di quota 228, sulla dorsale tra le valli di Kriuscha e Zuzkan; ma quando il *Tagliamento* arrivò in prossimità della quota la trovò già presidiata dai sovietici. Si provvide allora ad occupare e presidiare il tratto di fronte antistante, lungo quindici chilometri, che venne occupato da nuclei collegati tra loro da pattuglie mobili armate di armi automatiche, per lo più catturate ai sovietici.

▲ Le Camicie Nere in partenza salgono sul treno.

▼ Distribuzione del bollettino di guerra.

La situazione rimase immutata tutto il giorno seguente, sino alla mattina del ventotto agosto, quando un plotone del LXXIX° M inviato in ricognizione riuscì ad impadronirsi con un colpo di mano della quota 228, cogliendo di sorpresa i sovietici.

Le Camicie Nere organizzarono la prima difesa della quota sino a che vennero rilevati dai fanti del I° battaglione del 54° fanteria. I fucilieri della 14ª Guardie tentarono più volte di riprendere la quota, ed il trenta agosto il Console Mittica dovette inviare in aiuto dei fanti l'Aiutante Baradello, alla testa di una compagnia di Camicie Nere del LXIII° M; appena giunta, la compagnia si lanciò al contrattacco catturando alcuni prigionieri ed armi automatiche.

La pressione avversaria però accerchiò quota 228 tagliandola fuori dalle linee italiane. Il 31 agosto giunse in zona la 4ª divisione Alpina *Tridentina*, e ciò provocò la ritirata sovietica.

Il 1 settembre i sovietici interruppero tutte le operazioni offensive.

Il 2 settembre il Gruppo *Tagliamento*, oramai dissanguato, venne ritirato dalla linea del fronte e trasferito in riserva divisionale per essere rimesso in sesto con l'arrivo dei complementi e di materiali.

L'11 settembre finalmente giunse a Krasnaja Saria anche l'altro Gruppo Battaglioni del Raggruppamento, il *Montebello*, inviato in fretta dall'Italia a causa della situazione al fronte. Il 28 settembre si svolse a Gorbatowo la cerimonia con cui von Weichs, comandante del Gruppo d'Armate B, intese premiare la vittoriosa resistenza del XXXV Corpo; vennero conferite quaranta Croci di Ferro di II classe, i due terzi delle quali andarono a Camicie Nero del Gruppo *Tagliamento*; Messe ricevette la Croce di cavaliere (Ritterkreuz). Il General der Infanterie von Tippelskirch, in rappresentanza di von Weichs rivolse parole d'elogio e di stoma ai reparti schierati. Nella stessa cerimonia Gariboldi decorò il Labaro del Gruppo *Tagliamento* con la Medaglia d'Oro al Valor Militare per il comportamento tenuto dai legionari del LXXIX° sulla quota 232,2.

▲ Lettura del bollettino di guerra alle Camicie Nere.

I Gruppi *"Tagliamento"* e *"Montebello"* formarono il Raggruppamento CC.NN. M d'Assalto *3 Gennaio*.
Comandanti: Luogotenente Generale Filippo Diamanti; poi Console Generale Alessandro Lusana.
Nell'ambito dell'ampliamento della presenza militare italiana sul fronte orientale, che portò alla creazione dell'Armata Italiana in Russia venne deciso di incrementare il numero delle unità della MVSN presenti, sia per l'ottima prova fornita dalla 63ª Legione *Tagliamento* nei combattimenti del 1941, sia per il significato politico della presenza di unità dichiaratamente fasciste nella lotta al regime comunista sovietico.
In questo quadro venne decisa la costituzione di un Raggruppamento formato dai primi battaglioni M formati nel 1941, e che prese il nome di *23 Marzo*, che riprendeva il nome delle divisioni della Milizia che avevano combattuto in Africa Orientale nel 1935-36, in Spagna ed in Africa Settentrionale nel 1941. E' molto probabile poi che tale denominazione fosse un omaggio al comandante designato, il Luogotenente Generale Enrico Francisci, uno dei migliori ufficiali della M.V.S.N., che in Spagna aveva comandato prima il Raggruppamento *Banderas* omonimo a Guadalajara, dove s'era distinto, e poi la divisione volontari *23 Marzo*. Come il Raggruppamento *3 Gennaio* era destinato a venire assegnato al XXV Corpo d'Armata, così il *23 Marzo* avrebbe a sua volta operato nell'ambito del II Corpo, anch'esso in procinto di essere inviato in Russia, in modo da rafforzare le due grandi unità con due vere e proprie divisioni sia pure piccole ma formate da truppe d'assalto. Il raggruppamento *23 Marzo* sarebbe stato articolato su due Gruppi battaglioni CC.NN. M, il Gruppo *Valle Scrivia* ed il Gruppo *Leonessa*:

Gruppo Battaglioni CC.NN. M d'Assalto *Leonessa*
Comandante: Console Generale Graziano Sardu (caduto)
XIV° Btg. CC.NN. M (Bergamo): Seniore Comincioli (caduto)
XV° Btg. CC.NN. M (Brescia): Seniore Albonetti
XXXVIII° Btg. Armi d'Accompagnamento CC.NN. M (Asti): Seniore Vannini

Gruppo Battaglioni CC.NN. M d'Assalto *Valle Scrivia*
Comandante: Console Generale Mario Bertoni -
V° Btg. CC.NN. M (Tortona): Primo Seniore Masper (caduto)
XXXIV° Btg. CC.NN. M (Savona): Seniore Gloria (ferito)
XLI° Btg. Armi d'Accompagnamento CC.NN. M (Trento): ?

I Gruppi *"Leonessa"* e *"Valle Scrivia"* formarono il Raggruppamento CC.NN. M d'Assalto *23 Marzo*.
Comandanti: Luogotenente Generale Enrico Francisci; Luogotenente Generale Edgardo Preti (interim); Luogotenente Generale Martinesi.

▲ Un giovanissimo Legionario sale sul treno...

▲ ... Seguito dal suo capomanipolo comandante di plotone

▲ Saluti romani... E altro!

▼ Partenza per il fronte. La fiamma del battaglione.

▲ I muli del Raggruppamento sul vagone diretto al fronte.

▼ Bolzano, ultima sosta in Italia. Il generale Enrico Francisci con il federale della città Vittorio Passalacqua

▲ Francisci con il federale Vittorio Passalacqua e con membri delle Organizzazioni femminili fasciste alla stazione di Bolzano.

▼ Il generale Enrico Francisci, il generale Arturo Taranto, il federale di Bolzano Vittorio Passalacqua e il prefetto passano in rivista il picchetto d'onore alla stazione di Bolzano.

▲ Stazione di Bolzano. Frutta distribuita ai militari in partenza per la Russia.

▼ Stazione di Bolzano. Distribuzione di frutta da parte delle organizzazioni femminil del PNF ai legionari 'M' in partenza.

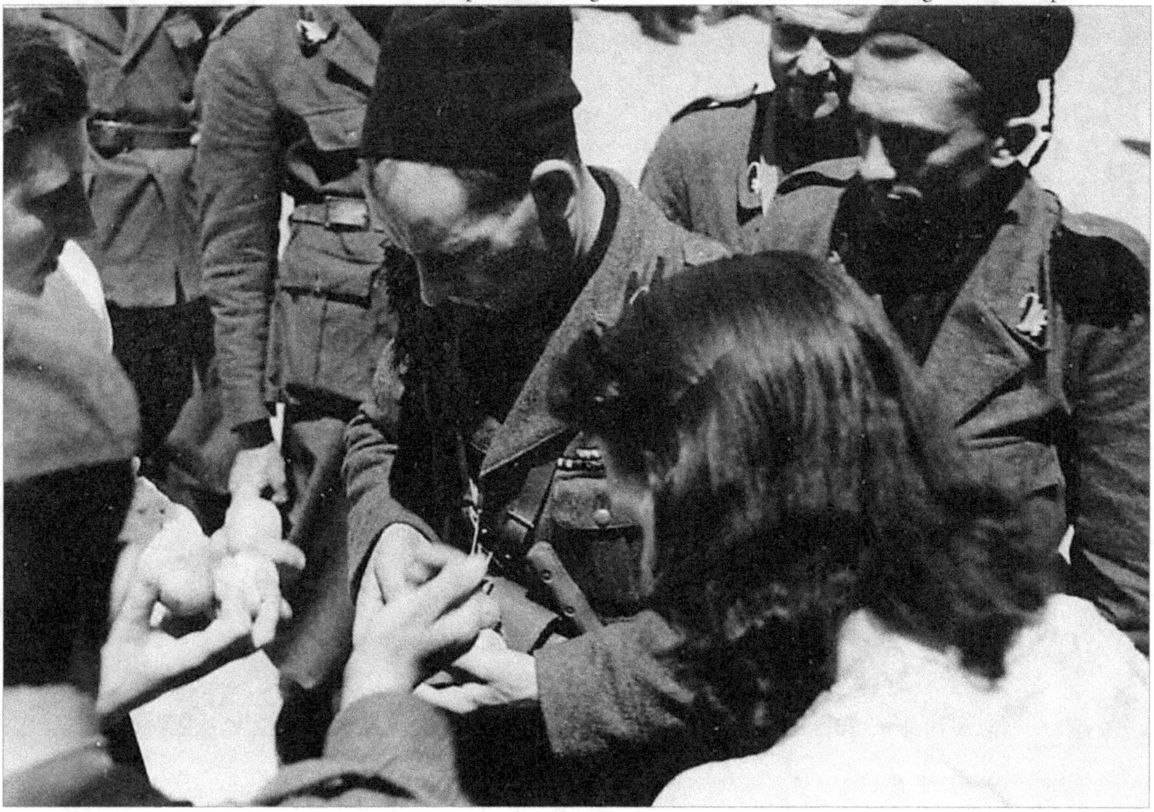

▲ Le rovine della città di Stalino distrutta dai combattimenti

LA SECONDA BATTAGLIA DIFENSIVA DEL DON E LA RITIRATA, DICEMBRE '42 - GENNAIO '43

Il Raggruppamento 3 *Gennaio* ebbe modo di distinguersi nei combattimenti del dicembre del 1942, tentando di arrestare l'offensiva sovietica nota come *Piccolo Saturno*, che aveva travolto l'ARMIR.
Le Camicie Nere vennero coinvolte nella tragedia della ritirata, aprendosi più volte il varco negli sbarramenti sovietici, e riuscendo a rientrare nello schieramento dell'Asse dopo esser state decimate. Il 16 dicembre i sovietici della 38ª Guardie attaccarono alle sei del mattino, senza preparazione di artiglieria o di lanciarazzi, ma con un forte fuoco di mortai tutto il fronte divisionale della *Pasubio*, particolarmente nel tratto Krasnogorowka- Abrossinowo- Monastyrschina.
Vennero investite le posizioni difensive, e soprattutto il caposaldo *Olimpo* tenuto dal I° battaglione del 79° reggimento fanteria. Per questo il comando della divisione *Pasubio* dette ordine al Gruppo *Tagliamento* di intervenire in aiuto dei fanti.
Mentre l'ordine veniva eseguito, ed il LXIII° battaglione M si affrettava a raggiungere *Olimpo*, il caposaldo cadde in mano sovietica, e data la situazione le compagnie di Camicie Nere vennero impiegate per riprenderne possesso man mano che giungevano sul campo, disorganicamente, poiché non vi era il tempo per riunire il battaglione; ma se da un lato ciò consentiva la prontezza d'impiego e l'immissione di forze fresche, dall'altro mancava di organicità e disperdeva la forza d'urto del LXIII°M in una serie di deboli contrassalti anziché utilizzare la forza della massa.
Alle 11 e trenta, vista l'impossibilità di fermare il nemico il comandante del I° battaglione del 79° ordinò lo sganciamento ai reparti ormai frammischiati di fanti e legionari ed il ripiegamento sulle posizioni di quota 201, dove si riteneva si trovassero reparti tedeschi dell'*InfRgt* 520. della 298ª divisione.
Al momento dell'ordine di sganciamento il LXIII° battaglione M poteva disporre solo di 163 uomini.
L'arretramento su quota 201 determinò una contrazione dell'ampiezza dello schieramento, ma malgrado il miglioramento della situazione difensiva determinatasi, si rese necessario inserire anche l'altro battaglione del *Tagliamento*, il LXXIX° battaglione M, che, richiamato da Getreide, giunse intorno alle 13,00 schierandosi tra i resti del LXIII° M ed il VI° M del Gruppo *Montebello* anch'esso dissanguatosi nei combattimenti sostenuti nella giornata presso il vallone di Artykulnyj Schlucht.
Intanto, il Console Galardo aveva sostituito il Primo Seniore Rosmino come comandante del Gruppo *Tagliamento* (Rosmino era stato comandante interinale nei giorni precedenti) e fu proprio a Galardo che la sera venne affidato il comando del settore, al posto del colonnello Mazzocchi, comandante del 79° reggimento *Roma*.
Al mattino del 17 dicembre i sovietici attaccarono gli italo- tedeschi (come detto erano presenti reparti del 520.), cercando di sfondare su quota 201, poiché il possesso di questa, a metà della linea difensiva, avrebbe permesso di raggiungere Getreide e Malewany accerchiando la *Pasubio*.
Incredibilmente data la situazione, a dispetto della ridotta reazione di Landser e fanti le

Camicie Nere riuscirono a resistere, ma passarono al contrattacco con l'ormai consolidata tattica del lancio di bombe a mano per frastornare e spaventare gli avversari, mettendo in fuga le Guardie e spostando di un chilometro in avanti la linea difensiva italo-tedesca.

I sovietici reagirono con un violento bombardamento di artiglieria e di lanciarazzi multipli katiusha e vaniusha, ma l'artiglieria intervenne con tiri di controbatteria che ebbero il non indifferente risultato di rialzare il morale dei difensori, che continuarono a combattere ed a respingere puntate offensive avversarie per tutta la giornata del diciotto; il diciannove le truppe di Vatutin, vista l'inutilità degli attacchi nel settore rallentarono le operazioni, che divampavano invece nel settore del II Corpo d'Armata italiano.

È proprio in data diciannove dicembre 1942 che si perdono le notizie documentabili sul Gruppo Camicie Nere M d'Assalto *Tagliamento*.

Si ricordi come il sedici, all'atto del ripiegamento dal caposaldo *Olimpo* sulla quota 201 rimanevano 163 uomini tra ufficiali e Camicie Nere.

E' probabile che i pochi resti del Gruppo, schierati insieme al I° battaglione del 79° fanteria, e spesso frammischiati ai fanti, abbiano seguito le sorti della *Pasubio*; infatti l'unità comandata dal colonnello Mazzocchi durante la ritirata, compiuta insieme ai resti della *Sforzesca*, portava il nome di reggimento di formazione Mazzocchi, e non di 79° fanteria *Roma*, indicativo della presenza di altri reparti, tra cui probabilmente ciò che restava del Gruppo *Tagliamento*.

La ritirata ebbe termine undici giorni dopo a Morosowskaja, dove la colonna Mazzocchi giunse il 30 gennaio, dopo aver percorso un lungo e tortuoso percorso alle spalle delle unità di Vatutin in avanzata verso il Donetz.

Il VI battaglione CC.NN. M il mattino dell'11 dicembre si trovava, come detto, a Poltawka, dove ricevette l'ordine di spostarsi a Getreide per porsi a disposizione del comando della divisione *Pasubio*, ciò che venne eseguito entro le quattordici.

All'1,30 del dodici dicembre il comandante della *Pasubio*, generale Guido Boselli[2] ordinò al Console Goldoni di spostarsi con il VI° battaglione M sul caposaldo *Olimpo* ponendosi a disposizione del col. Mazzocchi; poco dopo l'ordine venne modificato, ed il VI° avrebbe dovuto invece raggiungere il caposaldo X ponendosi alle dipendenze del Gruppo *Tagliamento* dissanguatosi nei combattimenti di Ogalew contro la 38ª divisione fucilieri delle Guardie. Alle sette i legionari del VI° raggiunsero i camerati che si trovavano impegnati dal nemico.

Alle nove il VI° battaglione M muoveva al contrattacco nel settore di Ogalew, come già detto in precedenza, e dopo due ore di lotta corpo a corpo con le granate a mano e pugnali i fucilieri sovietici ripiegarono, lasciando duecento morti sul terreno, inseguiti dai legionari tanto che alcune Camicie Nere, nella foga dell'inseguimento attraversarono il Don gelato arrivando sulla riva destra.

Vennero presi anche parecchi prigionieri ed armi, tra cui alcuni fuciloni controcarro PTRD che si rivelarono utilissimi durante la ritirata.

Le Camicie Nere del Gruppo *Montebello* avevano riportato sino ad allora le seguenti perdite: 17 morti (3 ufficiali), 78 feriti (5 ufficiali), 24 congelati gravi

Il giorno dopo i sovietici pure non effettuando azioni di fanteria bombardarono ripetutamente l'abitato di Ogalew, o meglio ciò che ne rimaneva, con lanci di razzi, salve d'artiglieria e di mortai pesanti.

---

2 Boselli aveva sostituito il gen. Paolucci il 4 dicembre.

▲ Ebrei polacchi addetti ai lavori di trasporto e pulizia di una stazione nell'estate 1942.

▼ Ragazze russe in una stazione scherzano con le Camicie Nere. il 'nemico fascista' della propaganda stalinista

▲ Battaglione "M" autocarrato in marcia nell'estate 1942.

▼ I battaglioni M del Gruppo Leonessa del Raggruppamento 23 Marzo arrivano in Russia

La sera i guastatori di fanteria del XV° battaglione dettero il cambio alle Camicie Nere, ed il quattordici mattina i legionari del VI° battaglione M raggiungevano le posizioni di Getreide. Nella notte tra il 15 ed il 16 dicembre il Gruppo *Montebello* venne posto alle dipendenze tattiche dell'80° reggimento fanteria *Roma*, attaccato dal nemico, ed alle cinque del mattino iniziò il trasferimento verso la zona di Artykulnyj Schlucht.

L'80° fanteria si stava ritirando pressato dai fucilieri sovietici, che travolgevano i pezzi del 201° reggimento Artiglieria: i serventi di una batteria, fedeli al motto dell'Arma *O con questo o sopra di questo* si fecero massacrare sino all'ultimo sui pezzi da 47/32.

L'azione nemica si sviluppava con particolare vigore sulla linea Krasnogorowka- Abrossimowo- Monastyrschina, con l'appoggio dei mortai.

Le Camicie Nere si lanciarono alla riconquista delle quote 175.5, 178.3 e 187.6, sovrastanti il vallone di Artykulnyj Schlucht, su cui i sovietici si stavano attestando dopo aver messo in rotta i fanti italiani, e da cui avrebbero potuto raggiungere Getreide tagliando fuori tutte le truppe presenti nell'area..

Le tre quote vennero prese dopo l'assalto dei legionari e le Guardie ripiegarono.

Il generale Boselli dispose quindi che il Gruppo *Montebello* si posizionasse dalle propaggini sud occidentali della quota 201 sino ad affacciarsi sul vallone Monastyrschina- Getreide, tra il LXXIX° battaglione M del Gruppo *Tagliamento* sulla sinistra ed un piccolo caposaldo tenuto da fanti dell'80° *Roma* sulla sinistra; la linea era totalmente sprovvista di opere difensive ed il terreno gelato (come detto, -35° di giorno) non permetteva di effettuare scavi di postazioni o trincee.

▲ Battaglione "M" autocarrato in marcia nell'estate 1942.

Dopo i combattimenti di Artykulnyj Schlucht le perdite erano salite a 53 morti (4 ufficiali), 117 feriti (7 ufficiali) e 27 congelati gravi (2 ufficiali), che sommate a quelle dei giorni dal dieci al dodici dicembre salivano a 446 unità, ossia al cinquanta per cento della forza combattente. Il diciassette i sovietici ripresero gli attacchi contenuti dall'artiglieria italiana; per tutta la giornata si rpeterono attacchi e contrattacchi che costarono ai due contendenti gravi perdite di personale e di materiali.
Ma oltre che col nemico i legionari dovevano combattere con un altro nemico, il freddo.
Nella notte sul 18 la temperatura bassissima provocò nuove vittime.

I legionari del VI° M, ricorda Calamai, erano imbacuccati nei cappottini "tre quarti" perché i pastrani di pelliccia erano rimasti a Verona. Portavano sempre l'elmetto calcato sulla testa avvolta nella coperte, perché i passamontagna erano rimasti a Verona, insieme ai guanti. Avevano le mollettiere piegate a doppio per tenere più caldo e la barba incolta da tempo. Tenevano le armi impugnate con le mani nude, ma cercando di non toccare il ferro con le mani per non lasciarci la pelle attaccata.

Lucas e De Vecchi, a loro volta, ricordarono lo stoicismo dei legionari congelati, che volevano tornare al proprio posto di combattimento dopo le sommarie cure ricevute ai posti di medicazione, rendendosi ben conto che solo così avrebbero potuto impedire che il sottile velo difensivo ancora in grado di resistere si indebolisse maggiormente.
Peggio, le pattuglie nemiche, ben mimetizzate nelle tute mimetiche imbottite, si infiltravano nelle linee italiane, e contro le quali, formate da truppe d'élite, poco potevano gli elementi raccogliticci, frutto di raschiamento del barile, inviati contro di loro, come un battaglione del Genio Ferrovieri, certo non addestrato a scontrarsi con truppe scelte.
All'alba del 18 le Guardie lanciarono nuovi violenti attacchi, tra cui uno contro quota 201.1 tenuta dalle Camicie Nere del Raggruppamento *3 Gennaio*, da pochi fanti della *Pasubio* e dai tedeschi del 520./298., che venne respinto in pratica dalle sole Camicie Nere e dall'artiglieria italiana, infliggendo dure perdite al nemico; l'artiglieria aveva anche colpito in pieno alcune batterie sovietiche che avrebbero dovuto appoggiare l'attacco con il loro tiro.
Nel pomeriggio dalle linee italiane uscirono pattuglie esploranti allo scopo di accertare la situazione, che provocarono la reazione avversaria e duri scontri. Col calare delle tenebre le pattuglie rientrarono dopo aver prelevato prigionieri e materiali.
La situazione sempre più degradata spinse il generale Zingales comandante del XXXV corpo ad ordinare personalmente al comandante della *Pasubio* Boselli il ripiegamento.
Alle 15 giunse ai reparti dipendenti il preavviso di movimento per raggiungere la linea arretrata Werchnje Miskowici- Nasarow; il raggruppamento *3 Gennaio*, o meglio, il Gruppo *Montebello*, sarebbe stato tra i reparti di retroguardia.
La notte venne raggiunto il villaggio di Medowa; la ritirata riprese ed alla nove del 20 dicembre si giunse a Popowka.
Ma i sovietici avevano accerchiato i reparti in ripiegamento: Camicie Nere, tedeschi e fanti della Torino riuscirono a rompere il cerchio nemico, e il XXXV Corpo proseguì il ripiegamento, sempre più assottigliato dalle perdite dovute anche agli attacchi aerei.
Alle 22 la colonna giunse a Posdnjakow, dove i reparti sostarono sino alla mattina del giorno dopo, quando venne ripresa la ritirata.

▲ Un autocarro del Raggruppamento CCNN '23 Marzo' in Russia, estate 1942.

▲ Donne ucraine osservano i camion delle Camicie Nere.

▼ Battaglioni M entrano in un villaggio, Russia 1942.

Il 22 reparti sovietici avevano sbarrata la via alle colonne in ritirata ad Arbusow: ancora una volta furono le Camicie Nere ad aprire la strada, grazie anche al sacrificio dell'Aiutante di Battaglia Biagi, che si pose alla testa dei suoi uomini sfondando le linee nemiche, e guadagnandosi la Medaglia d'Oro al Valor Militare.

I resti dei battaglioni M erano riuscito a sfondare, attaccando i sovietici, ma con pesanti perdite: il solo Gruppo *Montebello* aveva avuto nell'azione 115 morti, 380 feriti, 66 congelati; tra le perdite ben trentadue ufficiali.

Erano caduti in testa ai loro uomini i Seniori Goldoni e Superti.

Alle 23 la colonna riprese il movimento; solo gli elementi più validi potevano seguirla, feriti e congelati vennero lasciati sul posto, venendo poi in gran parte massacrati dalle truppe staliniane.

La coesione dei reparti, anche di quelli veterani, si andava sfaldando, molti gettavano le armi per cercare di alleggerirsi; nel caos montante i resti dei battaglioni M furono tra i pochi a mantenere una struttura organica.

Alle nove del 24 dicembre la colonna, meglio, ciò che ne restava giunse a Bukarewskij, ed al tramonto arrivò a Pressiannowskji; la notte di Natale gli italiani continuarono a ritirarsi sino a giungere alle dieci del mattino del 25 a Scheptukowa.

La sosta durò solo quattro ore, perché l'incalzare dei reparti corazzati sovietici era pressante, e già alle quattordici era ripresa la marcia.

All'una del mattino del giorno di Santo Stefano i superstiti giunsero a Tcherkowo, attestandosi a difesa nell'abitato dove già si trovavano i resti della colonna del II Corpo d'Armata.

I sovietici serrarono sotto, ed iniziò un assedio destinato a durare una ventina di giorni.

Il XXXV° Corpo, con i resti della *Pasubio*, della Torino e della Ravenna, della 298. InfDiv., del Raggruppamento 3 *Gennaio* e resti di unità rumene contribuì alla difesa di Tcherkowo in unità di formazione.

Il Gruppo *Montebello* non era in grado oramai di schierare in linea più di duecento uomini in grado di combattere, ma le Camicie Nere si sacrificarono il nove gennaio 1943 per arrestare un violento attacco sovietico, preceduto da un forte bombardamento preparatorio ed appoggiato da nove carri T34.

Al sopraggiungere dei T34 e della fanteria da essi trasportata che urlava Hurrà Stalin i legionari risposero intonando Giovinezza e mirando con le armi automatiche alle fanterie trasportate dai carri prima che potessero porre piede a terra.

Un T34 venne incendiato dalla Camicia Nera Gino Betti, che lo arrestò con un colpo di fucilone controcarro PTRD di preda bellica, dopo aver aspettato con grande sangue freddo che il carro giungesse a soli dieci metri dalla sua postazione.

Ad ogni carro colpito i legionari gridavano Viva il Duce! ed intonavano Giovinezza.

Il capomanipolo Lamberto Vannutelli, già ferito, era stato schiacciato da un carro sovietico, ma trovò la forza di intonare Giovinezza quando il T34 venne colpito dai suoi uomini.

Nei contrattacchi cadde il capomanipolo Cremisi, due volte ferito, che, esaurite le munizioni, mulinò il moschetto come una clava contro i sovietici che lo circondavano. Il suo eroismo gli valse la Medaglia d'Oro alla memoria.

Cadde anche la seconda Medaglia d'oro della giornata, la Camicia Nera Gianfilippo Braccini, già decorato sul campo per i combattimenti dei giorni precedenti, che, ferito due volte, non volle ricevere soccorsi, continuando a sparare con il suo mitragliatore, venne colpito quando per meglio mirare, s'era spostato su una posizione dominate da cui tirava sugli attaccanti.

La Camicia Nera Stefano Migliavacca, congelato ai piedi, rispose al suo ufficiale che voleva imporgli di restare al posto di medicazione che per sparare con la mitragliatrice non occorreva marciare; viste vane le proprie proteste si fece portare dai camerati di nascosto in una posizione molto esposta, e vi rimase quarantott'ore, malgrado una nuova ferita per una scheggia di granata, tenendo sotto tiro i sovietici con la propria arma.

In due ore di lotta sessanta Camicie Nere distrussero otto carri su nove ed annientarono del tutto il battaglione sovietico, perdendo due caduti (1 ufficiali), 11 feriti (2 uffciali) e 17 congelati.

Il capitano tedesco Lewandosky, ammirato, propose al comando della 298. Infanteriedivision tutte le Camicie Nere presenti per la Croce di ferro di IIa Classe.

Finalmente il 15 gennaio i resti della 298. Infanteriedivision e le trecento Camicie Nere superstiti del Gruppo *Montebello* riuscirono a rompere l'accerchiamento ed ad aprirsi un varco verso Losowskaja.

Gli italiani disponevano solo di due autocarri e di qualche slitta che vennero utilizzati per evacuare i feriti più gravi, ma se 2800 feriti in grado di camminare si unirono alla colonna diverse centinaia di feriti gravi e congelati dovettero venir abbandonati al proprio destino.

Tra il 16 ed il 17 gennaio i resti del XXXV e del II Corpo d'Armata raggiunsero Belowdosk.

Quando il 30 dicembre il Comando d'Armata ordinò di costituire due battaglioni di formazione con i resti dei Raggruppamenti *3 Gennaio* e *23 Marzo* si dovette soprassedere alla creazione di quello del *3 Gennaio*, per lo stato in cui erano ridotti i superstiti.

▲ Battaglioni "M" autocarrati in trasferimento nell'estate 1942.

Quanto al Comando del Raggruppamento, che all'inizio della ritirata si trovava a Malewanyi presso il comando della *Pasubio* il nuovo comandante, Console Alessandro Lusana, ricevette la mattina del 19 dicembre dal Capo di Stato Maggiore del XXXV Corpo, colonnello Vargas, l'ordine di raggiungere la base del Raggruppamento già avviata verso Tcherkowo.

La presenza di corazzati sovietici infiltratisi sulle strade che portavano a Tcherkowo indusse il Console Lusana a dirigersi a Millerovo con il comando di Raggruppamento e con gli automezzi radunati lungo il percorso.

Giunto a Millerovo informò il Comando d'Armata della situazione, e provvide a radunare circa quattromila militari delle varie forze armate in reparti di formazione, malgrado le difficoltà causate dall'attività dell'aviazione sovietica, oramai padrona dei cieli.

Le truppe di formazione si trasferirono a Woroshilowgrad la notte tra il 20 ed il 21 dicembre, mentre il Comando del Raggruppamento rimase a Millerovo, che venne però isolata da una brigata corazzata del XXV Corpo corazzato delle Guardie.

Durante la permanenza nell'abitato il Comando riuscì ad organizzare un servizio di intercettazione radio delle comunicazioni avversarie, che si rivelò molto utile nella difesa della cittadina.

Il Comando del 3 *Gennaio* rimase nell'abitato sino al 7 gennaio 1943, quando ricevette l'autorizzazione a lasciare Millerovo e a trasferirsi a Woroshilowgrad, cosa che fece unendosi ad unità tedesche della 298. InfDiv in una sortita che riuscì a rompere il cerchio sovietico.

Alla fine della ritirata, il Raggruppamento 3 *Gennaio* aveva subito 2170 perdite, pari al 77,5 per cento della forza in organico al 1 dicembre 1942.

Quando venne stabilito di creare due compagnie (!) con i resti dei due Raggruppamenti, si poté formare solo quella con i reduci del 23 Marzo. Il 3 *Gennaio* era stato troppo provato per mettere insieme un qualsiasi reparto organico.

"Eravamo in 1613, quando partimmo dall'Italia nel mese di agosto 1941. Dopo le battaglie del primo inverno, restammo in 654.
La Legione aveva quindi perduto 959 effettivi. Trasformata in Gruppo, la "Tagliamento" registrò, nelle battaglie di agosto '42, perdite accertate in 458 uomini. Poi si accese la fornace del "Berretto Frigio"(ansa del Don); vennero i giorni massacranti della ritirata, e altri 1061 legionari non risposero all'appello. Quando il 25 marzo 1943, il labaro della "Tagliamento" decorato di medaglia d'oro al valor militare, uscì dal campo contumaciale di Bologna per essere riconsegnato al Sacrario di Udine, lo scortavano 153 legionari. I 2478 mancanti erano solo un ricordo conservato nel cuore dello sparuto manipolo di superstiti".

▲ Mezzi dell'ARMIR nel bacino del Donetz.

▼ La colonna delle CCNN incrocia dei civili ucraini che si allontanano dalla linea del fronte.

▲ In prossimità del fronte si prosegue a piedi.

▼ Militi del Raggruppamento XXIII Marzo in marcia in un villaggio russo.

▲ Si distruggono i simboli comunisti. Si noti sul martello la scritta in cirillico *Lenin kaputt*.

▼ Francisci tiene un discorso al Raggruppamento 23 Marzo, URSS 1942.

▲ Francisci parla al Raggruppamento CCNN 'M' 23 Marzo.

▼ Russia. Il generale Enrico Francisci parla al XV battaglione M il giorno prima della partenza verso le prime linee nell'estate 1942.

▲ Il Raggruppamento 23 Marzo schierato.

▼ Francisci passa in rassegna il Raggruppamento 23 Marzo.

▲ Legionari in URSS, avanzano cantando nella steppa. Estate 1942.

▼ Prigionieri sovietici catturati dalle Camicie Nere.

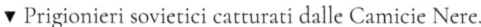

▲ Colonna di prigionieri russi nell'estate 1942.

▼ Un ponte distrutto sul Donez in Ucraina nell'estate 1942.

▲ Il Luogotenente Generale Enrico Francisci con gli ufficiali del Raggruppamento CC.NN. "23 marzo" e autorità militari tedesche.

▼ Il generale Enrico Francisci con ufficiali italiani e tedeschi nella stessa occasione.

▲ nrico Francisci con gli ufficiali del Raggruppamento CCNN '23 marzo' e autorità militari tedesche e italiane rendono omaggio ai caduti tedeschi in un cimitero di guerra germanico.

▼ Francisci con gli ufficiali del raggr. 23 Marzo rende omaggio ai caduti tedeschi.

LA LEGIONE CROATA DELLA MVSN
(HRVATSKE LEGIJA)

Dopo la conquista della Jugoslavia e la creazione del regno di Croazia (di cui venne proclamato re Aimone di Savoia Aosta col nome di Tomislao III) il *poglavnik* Ante Pavelich decise di appoggiare le operazioni belliche dell'Asse, creando una legione croata, appoggiata anche da un contingente aereo, che affiancasse i tedeschi sul fronte sovietico.

In seguito, verso la fine del 1941, venne disposta la creazione di un'unità analoga (ma senza componente aerea) da far combattere a fianco degli italiani sul fronte russo, anche per dare un segno di buona volontà all'Italia, che aveva con i nuovo stato croato ragioni di tensione per la Dalmazia.

Per cercare di attenuare le tensioni sorte tra Italia e Croazia, Pavelich acconsentì alla creazione di una Legione volontaria sotto comando italiano.

Per motivi politici l'unità, formata da due battaglioni di fanteria ed uno armi d'accompagnamento, inquadrante 1.211 uomini, venne posta alle dipendenze della Milizia Volontaria Sicurezza Nazionale per quanto riguardava inquadramento, armi ed equipaggiamento.

La Legione Croata (*Hrvatske Legija*) indossava la divisa italiana modello 1940 con le fiamme nere ed i fascetti della Milizia al bavero.

Sul braccio destro della giacca e del cappotto era cucito lo stemma della Croazia con la scritta *Hrvatska* sulla scacchiera bianco rossa.

I legionari croati indossavano la camicia nera ma non il fez, sostituito dalla bustina italiana con il fregio della M.V.S.N.

La Legione venne costituita a Varazdin, presso il confine ungherese, ed includeva anche ufficiali ustasha che parlavano l'italiano, avendo vissuto in Italia come fuoriusciti.

Il primo impiego dei legionari fu contro i partigiani comunisti di Tito; la Legione venne quindi spostata in Italia, a Riva del Garda, dove si trovava il deposito, per addestrarsi ulteriormente ed assimilare la tattiche di combattimento italiane. Qui i legionari giurarono fedeltà al Duce ed al *poglavnik* Pavelich, ed a marzo del '41 i treni che trasportavano i croati partirono a scaglioni per il fronte sovietico.

Giunti in Ucraina, i reparti si radunarono il 16 aprile, ricevendo in dotazione numerosi automezzi, e venendo affiancati alla 63ª Legione *Tagliamento* a Wladimirowka.

Sorsero però diversi problemi che sconsigliarono l'impiego continuato in linea dei legionari slavi. Dopo una riorganizzazione e l'impiego antipartigiano nelle retrovie, condotto con l'immaginabile durezza balcanica, la Legione Croata tornò in linea a luglio, comportandosi questa volta bene, tanto che la Legione ebbe diverse ricompense e numerose perdite.

I sovietici, infatti, uccidevano sul posto tutti i croati prigionieri, sia perché fascisti, sia perché considerati traditori dell'alleata Jugoslavia.

All'inizio dell'offensiva su Krasnij Lutsch, la mattina dell'11 luglio 1941, le Camicie Nere croate attaccarono la quota 253,4 di Vessielj, tenuta da elementi della 216ª divisione sovietica, riuscendo ad impadronirsene.

La bandiera del contingente croato venne decorata personalmente dal generale Gariboldi, comandante ARM.I.R.

La Legione croata operò insieme con il Gruppo Battaglioni CC.NN. M *Tagliamento* nel settore di Schterowka e di Surajewka, ed insieme al *Tagliamento* ed al III° gruppo del Reggimento Artiglieria a Cavallo la Legione fece parte del Raggruppamento Mittica, che inseguì i sovietici verso Krasnaja Poliana durane la manovra di Krasnij Lutsch. I legionari croati funsero entrarono per primi in Kolpakowo ed in Krasnaja Poliana nel pomeriggio del 18 luglio.

La Legione venne poi inquadrata nel Raggruppamento *3 Gennaio* nel ambito del quale continuò ad operare in modo molto soddisfacente, senza che questa volta sorgesse alcun attrito tra croati e italiani.

I croati combatterono, insieme alla divisione *Pasubio*, alle cui dipendenze era stata posta, nella prima battaglia difensiva del Don dell'agosto del 1942.

A dicembre i volontari croati vennero travolti dall'offensiva sovietica *Malyï Saturn* e si ritirarono con i resti dell'ARM.I.R., ma durante la ritirata, la Legione perse pressoché tutti i propri uomini tra caduti e dispersi (da considerare come morti) negli scontri presso il villaggio di Kasanskaya.

Concludendo la relazione sul ciclo operativo del 17- 21 dicembre 1942 il comando della Celere scrisse:

Non un uomo del 3° bersglieri è tornato indietro. Della legione croata: superstiti un ufficiale e un soldato[3]

Nel 1943 nuovi volontari croati affluirono a Riva del Garda per ricostituire la Legione; dopo l'otto settembre i volontari vennero rimpatriati e inquadrati nelle divisioni 373a e 392a della Nezavisna Drzava *Hrvatska*, Stato Indipendente Croato, inquadrate nella Wehrmacht.

---

[3] L'ufficiale era il tenente Zunic, dalmata, ufficiale di collegamento italiano con la legione.

▲ Motociclisti tedeschi esaminano un lanciarazzi RS 132 Katjusha distrutto

▲ Contrattacco sovietico nel settore di Voronez.

▼ Il Capo di Stato Maggiore della MVSN Galbiati con il Labaro della Legione Tagliamento, fronte russo 1942.

▲ Galbiati con il Capo di Stato maggiore dell'8ª Armata, generale B. Malaguti, a colloquio con il Console Generale I. Vianini ed altri ufficiali superiori della Milizia sul fronte orientale.

▼ Legionari del Gruppo Tagliamento, durante la cerimonia di conferimento della Medaglia d'Argento al Labaro per i combattimenti del dicembre 1941

▲ Camicie Nere del Gruppo Tagliamento, fronte russo estate 1942.

▼ Civili (o disertori...) sovietici interrogati dalle Camicie Nere.

▲ La tomba di un centurione caduto. I suoi legionari hanno inchiodata una "M" rossa di smalto da mostrina sulla croce.

▼ I legionari 'M' ammassano la paglia per gli alloggiamenti invernali.

▲ Legionario 'M' in prima linea sul Don.

▼ Il secondo inverno in Russia si avvicina, ma l'equipaggiamento è inadeguato....

▲ Postazione della 15ª compagnia mitraglieri CC.NN. nella neve, inverno 1942.

▼ Una Breda della Milizia in azione. Inverno 1942.

▲ Reggio Emilia, marzo 1943. Spettacolo organizzato dal 35 fanteria in onore dei reduci del raggruppamento '23 Marzo'.

▼ Il labaro della 63ª Legione Tagliamento, decorato delle Medaglie d'Oro e d'Argento al Valor Militare- La motivazione di quella d'oro recita: Erede e continuatore di unità CC.NN. della quale, col nominativo, assumeva titoli preclari di reputazione e di valore, durante inseguimento di nemico agguerrito ed esperto, riaffermava tempra battagliera, sicura prestanza e saldezza militare. Dislocato in posizione fiancheggiante in settore di delicata importanza, al primo allarme, balzava compatto contro colonne bolsceviche, che tentavano di guadagnare terreno sulla destra del Don, e in cruenti duelli, ne frenava l'urto. Successivamente accerchiato in un caposaldo, vi resisteva intrepido per alcuni giorni, sopportando perdite gravi in morti e feriti. Mentre le munizioni stavano per esaurirsi, i superstiti si facevano largo tra i nemici, con bombe a mano: rompevano il blocco e raggiungevano con gli altri combattenti delle posizioni vicine con inalterato spirito offensivo e indomita volontà di riscossa.

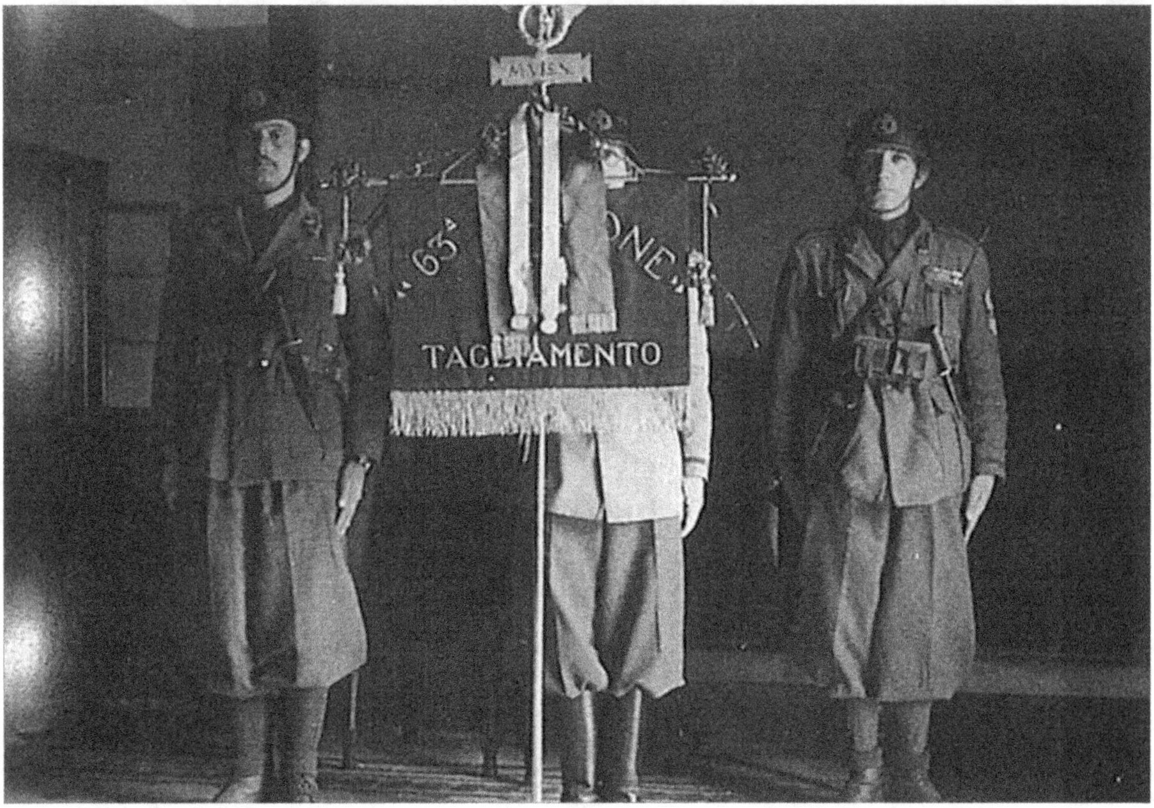

▲ Distintivo italiano per le operazioni sul Fronte russo, raffigurante due sciabole cosacche (shashka) incrociate su un serto di quercia e di spine. La scritta era in rosso per lo CSIR ed in azzurro per l'ARMIR.

▼ CSIR in Russia in una cartina dell'epoca.

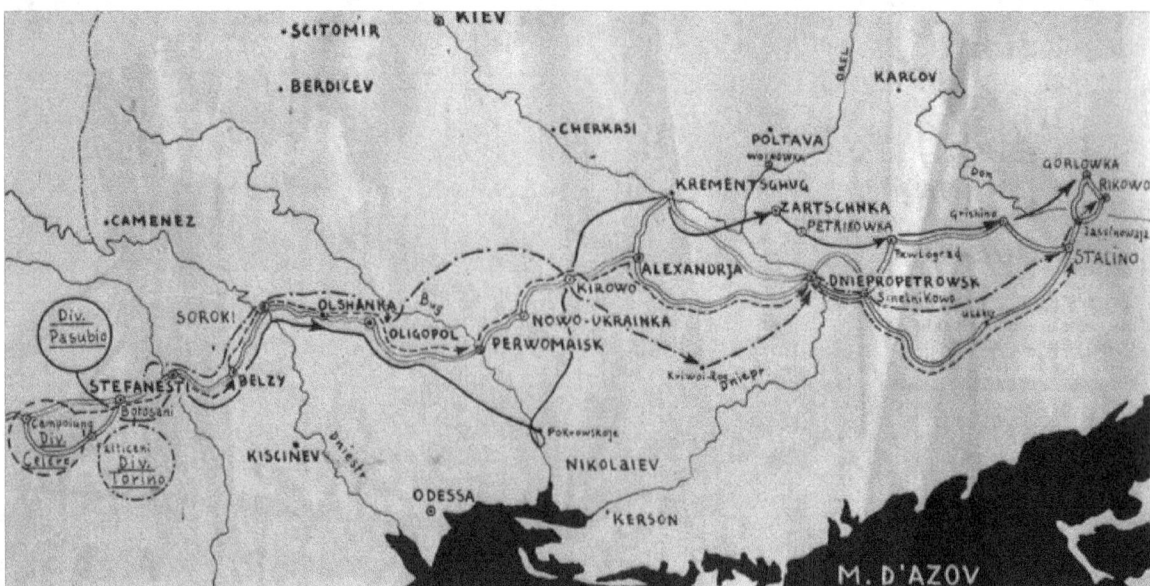

▲ Seconda battaglia difensiva del Don.

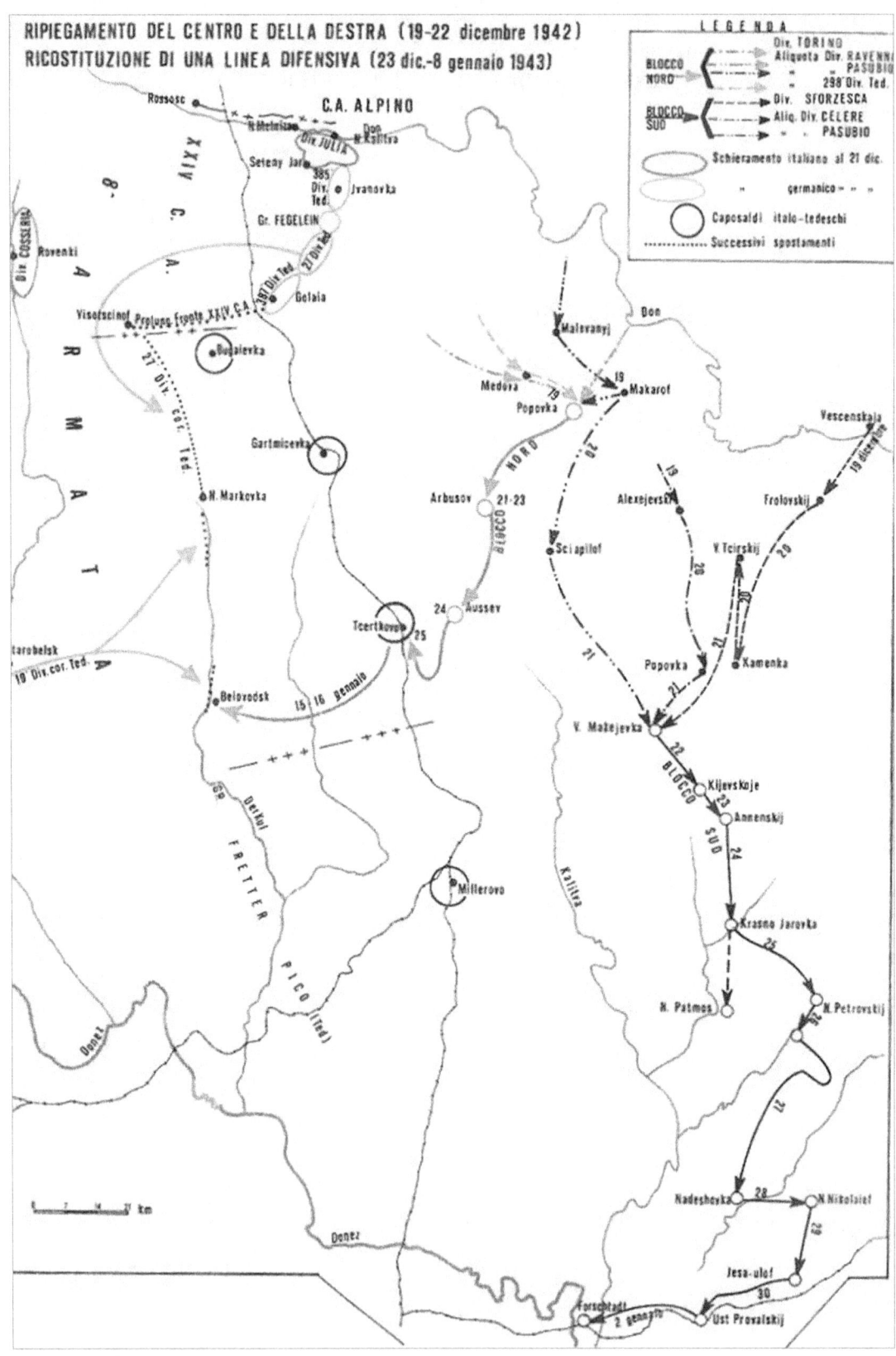

▲ Ritirata italiana 1942-43.

▲ L'aeroporto di Stalino conquistato dalle Camicie Nere

▼ Mitraglieri della "*Tagliamento*" a Orlowka, dicembre 1941.

BIBLIOGRAFIA

AAVV 1962, *Milizia Armata di Popolo*, Roma.

O. Bovio1999, *In alto la bandiera. Storia del Regio Esercito*, Foggia

P. Cappellari 2013, *La Guardia della Rivoluzione. La Milizia fascista nel 1943: crisi militare – 25 Luglio – 8 Settembre – Repubblica Sociale*, Roma

E. Galbiati 1942, *Battaglioni M*, Roma.

S. Jowett 2000, *The Italian Army 1940- 1945 [1] Europe 1940-43*, Oxford.

L. Lenzi 1968, *Dal Dnjeper al Don. Storia della 63ª Legione CC.NN. Tagliamento nella campagna di Russia*, Roma.

E. Lucas, G. De Vecchi 1976, *Storia delle unità combattenti della M.V.S.N.*, Roma.

L. Malatesta 2015, *Storia della Legione Tagliamento. Dalla guerra di Russia all'Armistizio*, Varese

G. Messe 1963, *La guerra al fronte russo. Il Corpo di Spedizione Italiano in Russia (C.S.I.R.)*, Va ed, Milano.

A Mollo 1981, *The Armed Forces of World War II*, London (tr. it. Novara 1982).

C. Rastrelli 2016, *L'ultimo comandande delle camicie nere: Enzo Emilio Galbiati*, Milano.

O. Ricchi, L. Striuli 2007, *Fronte Russo. C.S.I.R. Operations 1941- 1942*, Virginia Beach.

P. Romeo di Colloredo 2008, *Emme rossa! Le Camicie Nere in Russia 1941- 1943*, Genova.

P. Romeo di Colloredo 2009, *I Pretoriani di Mussolini. Storia militare della Milizia Volontaria per la Sicurezza Nazionale*, Roma.

P. Romeo di Colloredo 2010, *Croce di ghiaccio. CSIR e ARMIR in Russia*, Genova.

P. Romeo di Colloredo 2010, *Talianskij karashoi. La Campagna di Russia tra mito e rimozione*, Genova.

P. Romeo di Colloredo 2018, *Camicia Nera! Storia delle unità combattenti della Milizia Volontaria Sicurezza Nazionale dalle origini al 25 luglio*, Bergamo

P. Romeo di Colloredo 2019, *Per vincere ci vogliono i leoni… I fronti dimenticati delle camicie nere, 1939- 1940*, Bergamo

G. Rosignoli 1995, *M.V.S.N.. Storia, organizzazione, uniformi e distintivi*, Parma.

G. Rochat 2006, *Le guerre italiane 1935-1943. Dall'impero d'Etiopia alla disfatta*, Torino.

A. Rossi 2004, *La guerra delle camicie nere. La milizia fascista dalla Guerra mondiale alla guerra civile*, Pisa.

Ufficio Storico dello Stato Maggiore dell'Esercito 1946, *L'8ª Armata italiana nella Seconda battaglia difensiva del Don (11 gennaio 1942- 31 gennaio 1943)*, Roma.

Ufficio Storico dello Stato Maggiore dell'Esercito 1948, *Le operazioni del C.S.I.R. e dell'Armir dal giugno 1941 all'ottobre 1942*, Roma.

Ufficio Storico dello Stato Maggiore dell'Esercito 2000, *Le operazioni delle Unità italiane al Fronte russo*, IVª ed, Roma.

F. Valori 1967, *Gli italiani in Russia. La Campagna del C.S.I.R. e dell'ARMIR*, Milano.

P. Zanlucchi 2014, *La milizia del Duce muore sul Don: la 41 a Legione Cesare Battisti: memorie dal fronte russo 1942- 43*, Rovereto, 2014.

TITOLI GIÀ PUBBLICATI
TITLES ALREADY PUBLISHED

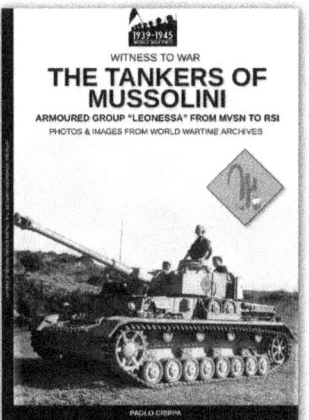
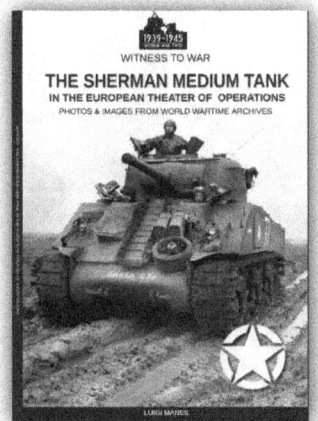

www.ingramcontent.com/pod-product-compliance
Lightning Source LLC
LaVergne TN
LVHW081544070526
838199LV00057B/3776